JN191274

流れのままに旅をする。

GO WITH THE FLOW

YouTuber

Bappa Shota

KADOKAWA

THE FLOW

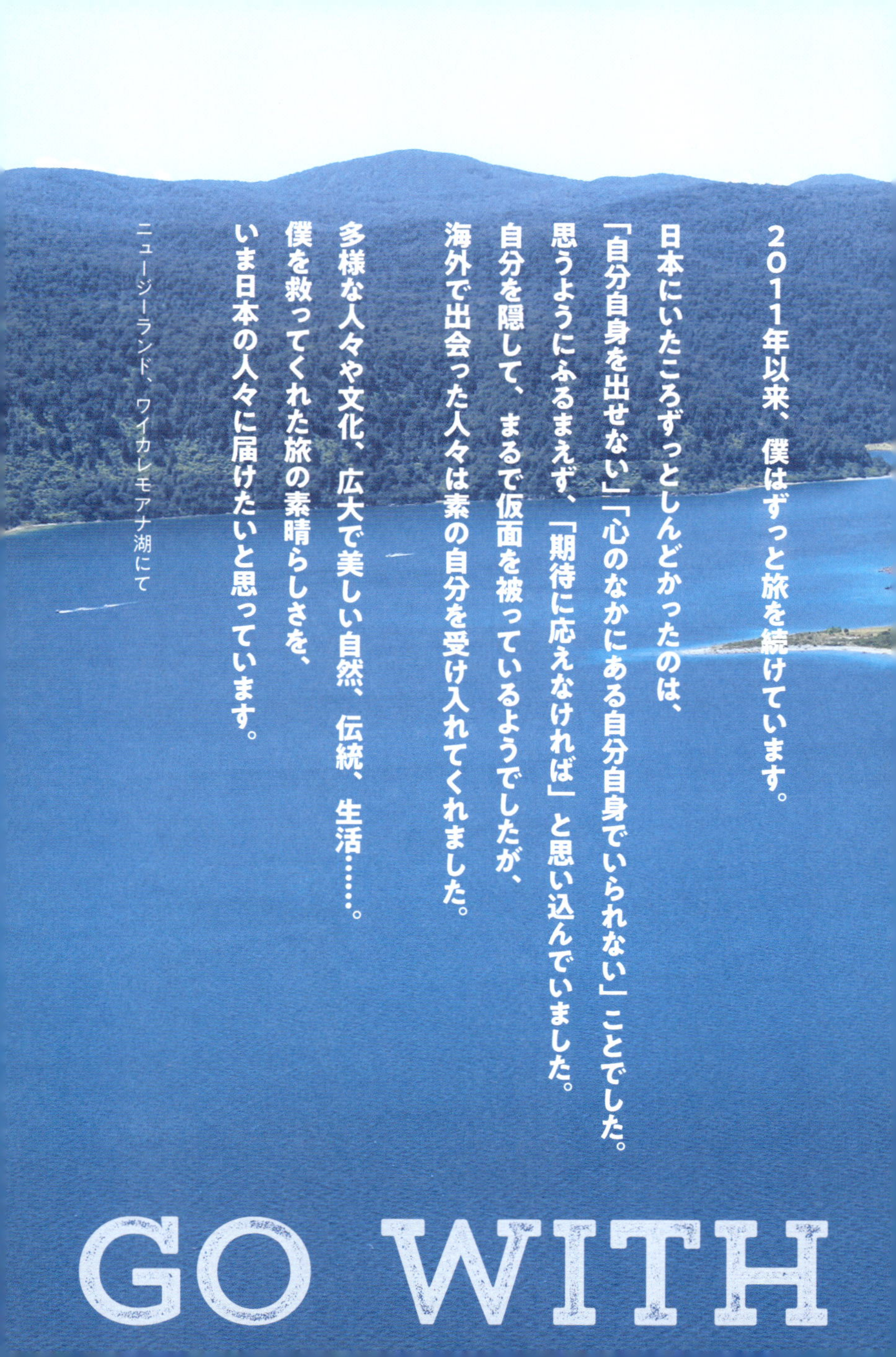

2011年以来、僕はずっと旅を続けています。

日本にいたころずっとしんどかったのは、
「自分自身を出せない」「心のなかにある自分自身でいられない」ことでした。
思うようにふるまえず、「期待に応えなければ」と思い込んでいました。
自分を隠して、まるで仮面を被っているようでしたが、
海外で出会った人々は素の自分を受け入れてくれました。

多様な人々や文化、広大で美しい自然、伝統、生活……。
僕を救ってくれた旅の素晴らしさを、
いま日本の人々に届けたいと思っています。

ニュージーランド、ワイカレモアナ湖にて

GO WITH

WHAT'S UP?
RYUKYU AIR COMMUTER

僕は僕の目線で見た世界をみなさんにシェアしたいと思っています。でも、動画を見てどう感じるかはみなさんの自由です。また、みなさんがどう思って何を選択するのか、それもみなさんの自由だと思っています。

—— 僕はこう思いました。あなたはどう思いますか？

SHARING IS
CARING

英語には、「シェアリング・イズ・ケアリング」という言い回しがあります。直訳すると「分かち合うことは、助け合うこと」という感じでしょうか。僕がバックパッカーとして世界を旅していたときに出会った旅人たちは、そういうマインドで旅をしていました。

そんな、バックパッカーのときに学んだ精神をこれからの人生で主軸にしたいという思いを込めて、僕はYouTubeチャンネルのタイトルを「Bappa Shota」としたのです。

Melbourne 26/9/2013
need a job
Fuck Fuck Fuck Fack
Suck Suck

Everything 's gonna be alig

Brazil → colombia → chile
and → Mexico
10000 dollars
around 3000 dollars for just
flight

Don't worry about that
Everything gonna be
alright

PEACE
FREEDOM
WORLD
My life
trip
No1

MEM

Shota

IS
BE ALRIGHT

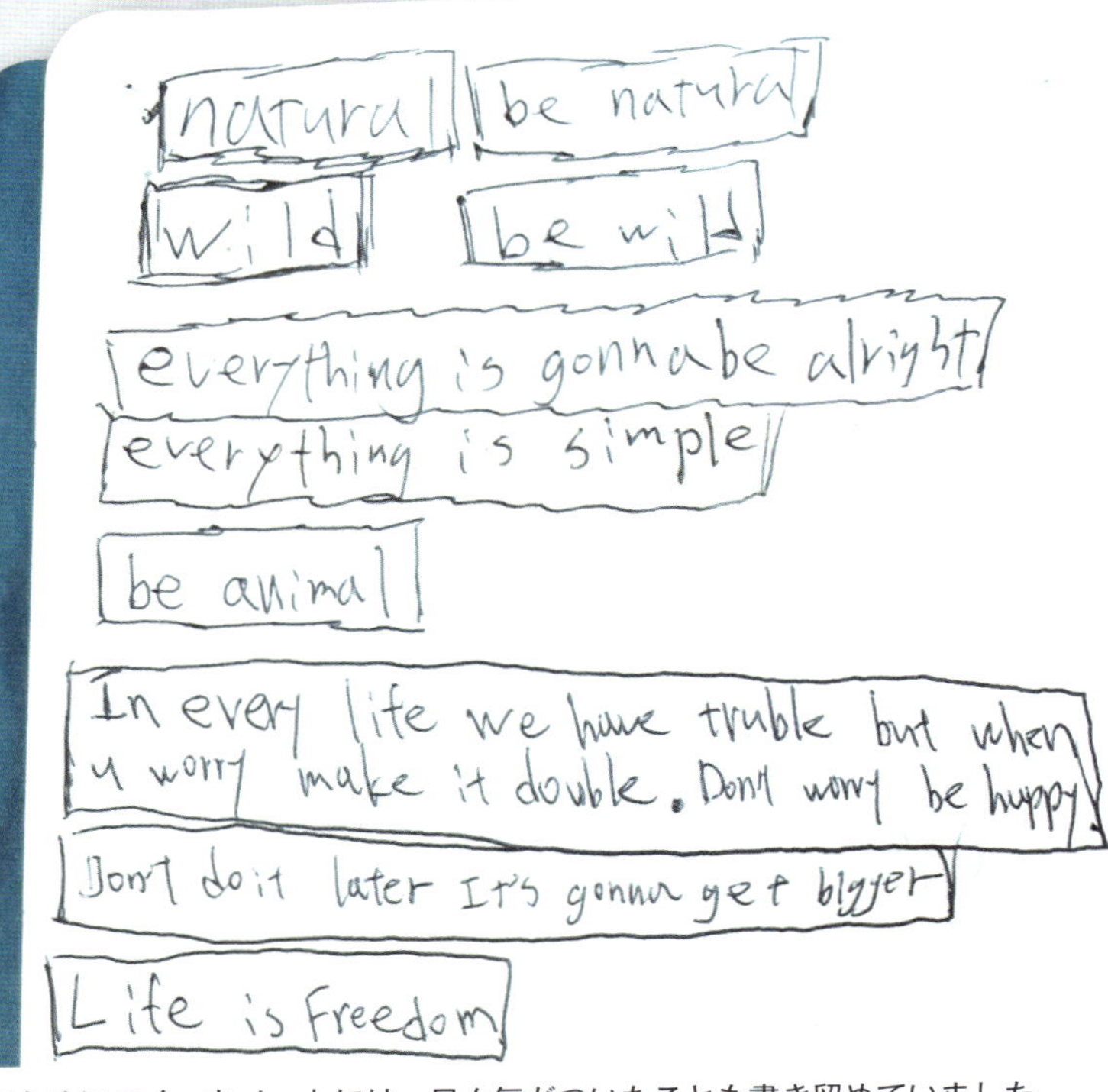

英語を学ぶためにつくったノートには、日々気がついたことも書き留めていました。１年目と２年目は日本の悪口をよく書いていました。自分のありのままの姿を受け入れてくれないこととか、枠からはみ出すことを許容せず、そこにはめ込もうとする横暴な大人たちや社会への不満です。
ノートを見返してみると、最初の年に繰り返し書いていたのは「be myself」という言葉です。ノートに書くことで自分を励まし、勇気を与えようとしていたのかもしれません。

EVERYTHING GONNA

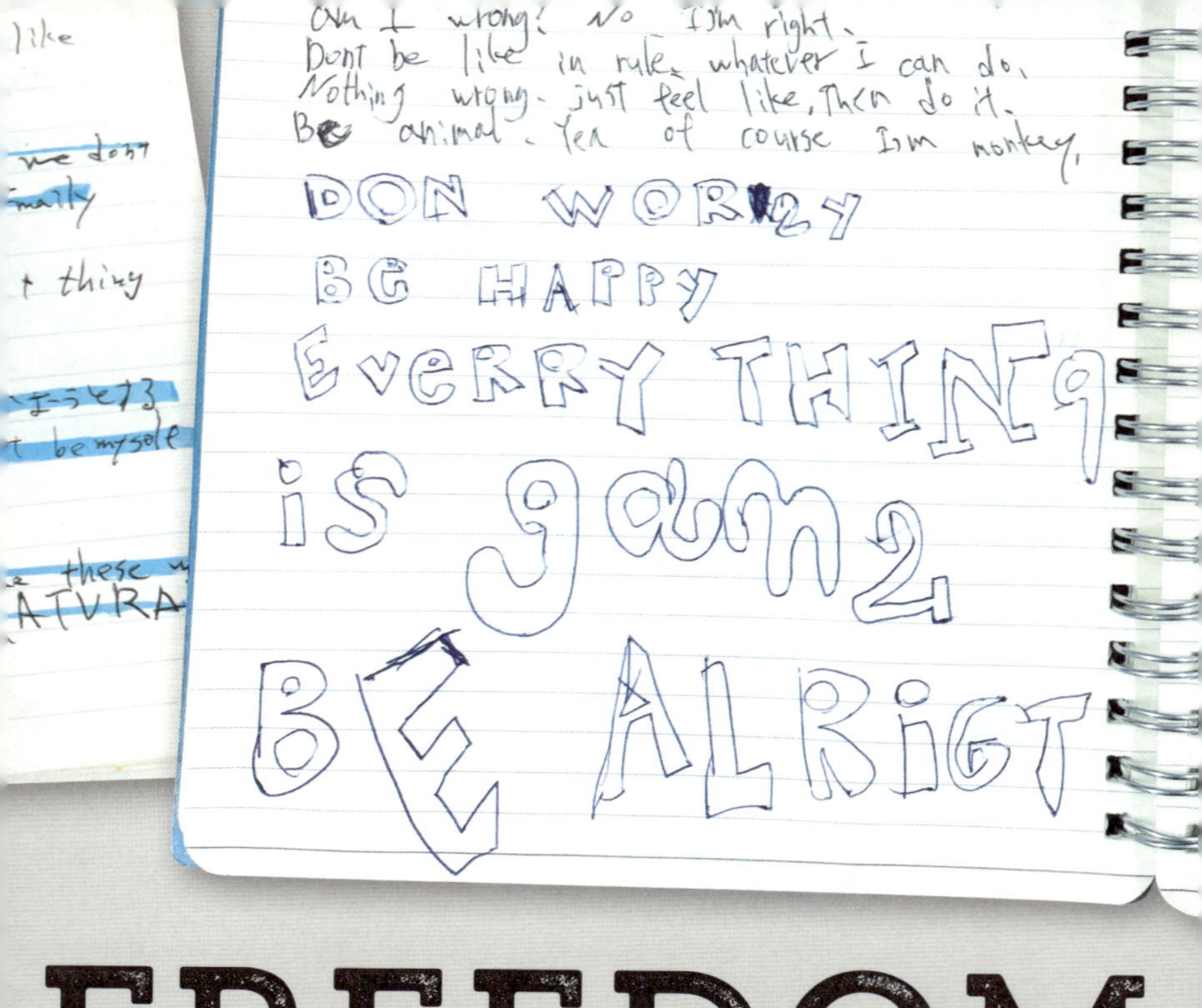

FREEDOM

Song
C, A minor
C, D ×2
last + second
, G
E
G ×3
, D
DU

ジャマイカは死ぬまでに一度は行ってみたい国のひとつでした。

きっかけはレゲエミュージックです。オーストラリアで初めてできたブラジルやメキシコの友だちがよくボブ・マーリーを聴いていて、つられて僕も好きになりました。

初めての海外は何をするにもチャレンジするしかなく不安だらけでした。軽快なリズムと「すべてうまくいくさ」というポジティブな歌詞にどれほど励まされたことか。

気に入った言葉をノートに書き写しては、繰り返し口ずさんでいました。

Last day I can

Happiness is love
not money, not job
love a girl, family friend.
not sight of people
be animal, natural.

life is Freedom

I haven't been to all countries
but I think I feel like
most people are natural
People have neiber, think normal life
like get a job, earn money
We can't do that caz people
Feel like Japese is most
important things is get a job
be good person

another country I f
love family, Friend,
Why?
My friend told me
hug, and kiss to
Friend.
Caz most imp
is other state!!
People around me
I'm myself, why
why can't be mysel
why hide myself
For the reason,
BE ANIMAL

LIFE IS

12.10.15 stand by me

D D U U D U

A ×2
F# ×3

A ×2 F# ×2 D ×1 E ×1

No woman no cry

C G A minor, F
C, F C
C G A minor F

Redem

G, E
G, E

G C
C, D
C, D
cho E,
D U

016 PROLOGUE

CHAPTER 1

「Bappa Shota」になる前の話

022 僕はずっと旅を続けています
025 小４からはじまった野球漬けの生活
028 交通事故に遭い岡山の病院へ
032 想像もできない大きな挫折

CHAPTER 2

なぜ僕は海外に行ったのか？

038 もう人生終わりだと思った
043 大声をあげてボロボロに泣き崩れる
046 「いっぺん海外行ったらええねん」
051 日本を飛び出してオーストラリアへ
055 新しい自分がそこにいた

CONTENTS

CHAPTER 3
旅を続けようと思った理由

060　大学を中退してオーストラリアに戻る
066　仕事をしてお金が貯まったら旅をする
070　ワーキングホリデーでニュージーランドへ
076　バランスよく生きることの大切さ

CHAPTER 4
旅をYouTubeでシェアする

080　フィリピンでの新たな出会いと新たな旅
084　日本のいいところが見えてきた
088　旅を YouTube でシェアしたらどう？
093　バンで日本を回り、それぞれの道へ

CHAPTER 5

世界を旅してわかった幸せに生きるために大切なこと

102 あなたの「きれい」「汚い」はなんですか？
108 分かち合うことは、助け合うこと
112 自分と対立する人の意見を否定しない
118 挨拶をするように「リスペクト」
121 相手を見下さずに同じ目線に立つ
126 幸せのカタチは人それぞれ
132 人と馬との魂のつながり
138 自分が食べるものを知る
142 相手が取りやすい球を投げる
147 「いいもの」と「悪いもの」はセット
152 世界には根性あるやつがいる
154 自分にとっての「バイブル」とは？
160 お金の奴隷になってはダメだ
164 自由ってなんだろう？
167 ライフスタイルを選べる自由
170 まず「ありがたい」と考える
173 情報はただの情報でしかない

掲載内容は本書執筆時のものであり、社会情勢の変化により掲載内容と事実が異なる場合があります。また、掲載内容は著者個人の見解で、YouTubeに公開されている内容に準じています。一部は推定も含まれており、必ずしも事実を証明するものではありません。

STAFF
ブックデザイン／菊池祐
DTP／新野亨
校閲／ぴいた　鷗来堂
構成／伊藤俊明　油井康子
編集／篠原賢太郎
SPECIAL THANKS／Maddy

193 差別と感じることは少なくなった
197 信仰は人生のガイドライン
201 なにかをもらったら必ず返す
204 彼らに合った生き方というだけ
210 小さなコミュニティの弱点
214 美の基準はひとつではない
218 「またいつでも自由に足を運んでくれ」
223 自分の「当たり前」で判断しない
228 つねにオープンマインドでいたい
232 僕は僕なりにできることをする
236 GOOD＆BAD，BAD＆GOOD

CHAPTER 6
流れのままに旅をする。

242 あなたも旅に出て世界を見てほしい
246 いまを生きる

250 EPILOGUE

PROLOGUE

コスタリカにて

最近、サーフィンをはじめたんです。

海のなかに入って、波を待っているときの感覚。止まることなく、波はずっと自分の方に迫ってきます。いい波、悪い波、毎回ぜんぜん違うし、同じ波が来ることは絶対にありません。それがもう自分の人生そのものだなと。

人生のなかで起こる出来事を「波」と考えると、波が迫ってきたとき、人は「人生をよりよいものにしたい」という目的を持って、うまく波に乗ろうとすると思うんです。でも、たまには何の目的もなく、自分が乗りたい波が来るのを待つだけの時間があってもいいんじゃないかなと思います。人生もサーフィンも選択であって、どの波に乗るかは自分の意思で決めることができるのだから。

どの波が簡単か、難しいのか。また、簡単な波に乗りたいと思うのか、難しい波に乗りたいと思うのか。板の向きを変えたり、乗る場所を変えたり、風の向きや強さ、潮の満ち引き、カレントの強さ、長さ、人がいるのかいないのか……。

サーフィンをやっていると、自分の人生と重なっているとめちゃめちゃ感じます。ただ波に乗って気持ちいいだけじゃなくて、自分を見つめ直すことができるということを、サーフィンをはじめてみて感じました。

仮にその波にうまく乗れなかったとしても、次はこうしよう、ああしようと考えます。失敗したから次に生かせることもあります。すべての波を完璧に乗りこなそうとするのではなく、波を待つことや、見極めることも大切です。

めちゃめちゃパドリングして自分から波をつかまえに行くこともあれば、ただ待って座っているだけなのに波が勝手に自分のところに来てくれることもあります。波に身をまかせたっていい。そういうところも人生そのものなんじゃないかなと感じさせます。

そんな風に波を見ていたら、人生は意外とシンプルなのかもしれないと思いました。波が自分に迫ってくるように、日々の生活でも新しい出来事が自分に迫ってくる。ひとつひとつ見極めて、乗るか乗らないか自分で選択する、それだけです。

そのためには自分の力量を見分けるのも大事だし、ときには少し無理して挑戦することも必要でしょう。でも、たとえ失敗したとしても、落ち込む必要はありません。また次の新たな波が迫っているので、前を向いてパドリングしていくしかありません。

GO WITH THE FLOW――。僕の好きな言葉をこの本のタイトルにしました。人生の一瞬一瞬に生まれる、いろいろな出来事や出会い、どんな「波」が来ても、それに身をまかせる、そういう感覚です。

それは僕にとって、この地球で生きていくための最も自然な生き方です。いちばん自分が納得できて、自分を好きにさせてくれて、生きる力が芽生えてきます。

ただ、大きな流れに身をまかせながらも、なにもしないで流されるのではなく、自分が行きたい方向に向かって舵（かじ）を切る、ときには流れに逆らってパドリングします。

この世のなかには正解も不正解もないんじゃないか？　両方を大切にしながらバランスをとっていく。それがいちばん理にかなっているんじゃないかと思っています。

Go with the flow
KIX T2OC
Terminal 2 Operation Center
Supreme
BAPPA-SHOTA
EVERYTHING IS GONNA BE ALRIGHT

CHAPTER

1

「Bappa Shota」になる前の話

僕はずっと旅を続けています

Bappa Shota（バッパー・ショウタ）です。興味の赴くまま、世界中を旅してYouTubeで発信しています。バッパーとはバックパッカーのこと。２０１１年に大学を休学してオーストラリアに渡って以来、僕はずっと旅を続けています。

海外には、日本に住んでいたときにはまったく知らなかった世界がありました。多様な人々や文化、広大で美しい自然、伝統、生活……。世界の広さを実際に肌で感じ、経験することで、僕は変わりました。

10代のころに夢を失い、生きる目的がわからなくなった自分のことは好きになれませんでしたが、旅先で多くの人と出会い、自分を見つめ直したことで自分のことが好きになりました。一日一日、一瞬一瞬を心の底から生きがいを持って生きられるようにしてくれた世界を、旅をすることの素晴らしさを、いま日本の人々に届けたいと思っています。

海外に飛び出すきっかけをくれたのは親戚のひとりでした。当時、悶々と過ごしている僕を見て「海外、めちゃくちゃおもしろいぞ」と教えてくれたのです。日々繰り返される、日本とは桁違いのパーティの楽しそうな様子、かわいくてノリがいい女の子。ハワイで暮らしたことがある彼の話に引き込まれ、すがるような気持ちで日本を離れました。彼からのアドバイスはひとつだけ。「思いっきり遊んでこい」でした。

英語を話せないどころか飛行機に乗ることすら初めてでしたが、日本の生活に耐えられなかったのと、海外のパーティへの憧れを持って飛び出した僕は、そのアドバイスを忠実に守りました。友だちをつくるのに言葉はいりませんでした。日本人を遠ざけるように、外国人のなかに身を置いて、言葉も少しずつ覚えていきました。

日本にいたときの僕は「いい人」や「成功者」になろう、「期待に応えよう」と周りの目ばかり気にしていたように思います。そうやってがんばったけれどうまくいかずに自信を失い、そんな自分が嫌いになって、ついには摂食障害になってしまいました。

ずっとしんどかったのは、「自分自身を出せない」「心のなかにある自分自身でいられない」ことでした。思うようにふるまえず、「期待に応えなければ」と思い込んでいました。自分を隠して、まるで仮面を被っているようでしたが、海外で出会った人々は素の自分を受け入れてくれました。それが心地よく、日々の生活が楽しく、生きがいも持てるようになり、気がついたらいつのまにか摂食障害も治っていたのです。

友だちはどんどん増えました。自分らしくいられる、こんな暮らしを続けたいと思って、働きながら旅をすることを覚えました。友だちを訪ねて別の国に行ったり、初めて会う友だちの友だちが手助けしてくれたり、そんなことが当たり前のようにありました。

YouTubeで発信するときは、先入観を持たずに自分の目でたしかめています。海外では、多くの人がありのままの自分を受け入れてくれました。そのことに対する感謝の気持ちが、彼らに対するリスペクトへと自然につながっています。

そうして知り合った人が、「あそこは知っているか？　おもしろいぞ」と次の旅へと誘ってくれます。そんな風にして僕はずっと旅を続けています。

小4からはじまった野球漬けの生活

出身は兵庫県です。父はもともと野球ひと筋の人で、近所でも名選手として知られていたおかげで、僕も物心ついたころからバットとボールで遊んでいました。

近所の友だちと山に登ったり、ザリガニを釣ったり、秘密基地をつくったりした記憶もありますが、父が休みの日にはキャッチボールをしたり、ボールを投げてもらって打ち返したりしていました。そうやって父と遊び、父に褒めてもらうことが、僕はとても好きでした。そうして遊んでいるうちに、将来はプロ野球選手になりたいと思うようになっていったのです。

小学4年生になって、「プロ野球選手になりたいのであれば、本格的に野球をするために硬式球を使うクラブチームに入るか?」と父に聞かれました。プロ野球選手は夢でしたが、友だちと遊ぶのも楽しかったので迷いました。

クラブチームに入りたい気持ち半分、友だちと遊びたい気持ち半分でしたが、「本気でプロ野球選手を目指すなら、私生活からすべて野球に身を捧げなければなれないよ」と父に言われていたのと、父に認めてもらいたいという思いもあって、遊びよりも野球を優先させることに決めました。

クラブの練習は水曜日と土曜日、日曜日でしたが、遊びたい気持ちを抑えてそれ以外の日も自分で練習していました。父の言葉を守り、生活のすべてが野球という感じでした。

チームメイトは通っている学校がバラバラで、会うのはグラウンドの上だけ。日常でふれあうことはほぼありませんでした。練習がない日に近所の友だちと野球をすることもありましたが、クラブに入ってからは、あまり友だちと遊んだ記憶がありません。

チームではサードで3番でした。自分で言うのもなんですが個人成績もよく、いい線いってたと思います。

小学生の硬式野球クラブは、誕生日によって小6の真ん中で終わるパターンと中1の真ん中で終わるパターンがあるんですが、僕は3月生まれなので中1の9月までやっていました。そこから地元の中学生のクラブチームに入りました。

でも、そのころから、だんだんうまくいかなくなりました。

交通事故に遭い岡山の病院へ

「プロ野球選手になりたい」は漠然とした夢ではなく、小学生のころにはすでに具体的な道筋を思い描いていました。

中学を卒業したら有名な野球強豪高校に入って甲子園に出る。当時の僕はそのことばかりが頭にありました。強豪校に入って甲子園に行き、そしてプロになる。それが自分にとっても、親にとっても、期待する周りの人たちにとってもいちばん喜ばしいことでした。

純粋に野球を楽しむことよりも、彼らの期待に応えたい、認めてもらいたい、失敗している自分を見せたくないという気持ちの方が圧倒的に大きくなっていました。

中学生のチームの練習は火曜日、木曜日、土曜日、日曜日でしたが、水曜日も自主的に参加できるチーム練習があり、小学校のときよりさらに野球漬けの生活になっていました。

練習量も格段に増えていました。ユニフォームは毎回ドロドロで、吐くまで走ることや、ときには指導者からの体罰もありました。家に帰るのは22時を回っていました。

やんちゃ盛りの中学校の友だちが、練習がない日の学校終わりに遊ぼうと誘ってくれましたが、それも断って家で練習していました。遊びたい気持ちはもちろんありましたが、このころの自分は強豪高校に入り、甲子園に行くことだけを考えていました。

そのためにはうまくならなくてはいけません。遊びたい欲求は抑えて、どんなにしんどい練習でも、合わないと感じていた指導者にも我慢してがんばっていました。

しかし、そんな我慢とは裏腹に、なかなか思うような結果は出せませんでした。イメージ通りにいかないことで自分自身がどんどん追い込まれて、毎日野球に行くことがつらくなっていったのです。

逃げたいと思う気持ちと、周囲の期待に応えたい、強豪校に入りたいという思いに挟まれて、日々葛藤しながら戦っていました。

そんなときに交通事故に遭いました。

週末の練習試合に向かう途中でした。早朝4時か5時ごろで、母が車で送ってくれました。僕は疲れていて後ろの席で寝ていましたが、ものすごい衝撃を受けて目が覚めて、何事かと思ったときにはもう、母は運転席で血まみれになっていました。

居眠り運転のトラックにぶつけられる大きな事故で、車の窓ガラスは粉々に割れて、僕は全身を打ちつけて救急車で運ばれたのです。病院でMRIを撮ってどこにも問題はないと診断されましたが、その後も頭痛が治まらず、近所の病院では原因がわからず、岡山の病院に行くことになりました。

岡山の病院に行くのは2度目でした。初めて行ったのは、前に肘を痛めたときでした。近くの病院をいくつか回ったもののよくならず、「いい病院がある」と監督に教えてもらって行くようになりました。そこは東洋医学の気功を行う病院でした。

病院は家から通える距離ではありませんでしたが、入院するのではなく、アパートを借りてそこから通院するということになりました。おじい（祖父）がときどき様子を見に来てくれましたが、中学生にしてほぼひとり暮らしをすることになったのです。

毎朝決まった時間に病院のハイエースが迎えに来てくれました。施術が終わった後も日中は病院で過ごして、夕方になるとアパートまで送ってくれました。はっきりと覚えていませんが、それを1年以上、たしか1年半くらい続けたと思います。病院には全国からいろいろな人が来ていて、高齢の方はもちろん、同じくらいの年齢の子どももいました。

岡山での生活は楽しかったです。海の近くで環境がよかったし、おじいと一緒に健康ランドで1日過ごすこともありました。日中何をしていたのかと聞かれてもよく覚えていませんが、なにより野球をしなくてもいい生活。過酷な練習も、プレッシャーにさらされることもなく、やりたいことを我慢しなくてもいい生活でした。

そのとき、ここにいれば野球をしなくても済むことに気がついたのです。

だれにも言えませんでしたが、事故からしばらくして頭痛は治っていました。それでも僕は、「まだ頭が痛いです」と言い続けていました。

想像もできない大きな挫折

岡山ではそんな風にのびのびと過ごしていましたが、中3になって自宅に帰り、チームにも復帰しました。

このまま岡山にいたいと思う一方で、心の片隅には強豪校に入って甲子園に行くこと、それからプロになってみんなの期待に応えたいという思いが残っていました。

そろそろ戻らないと間に合わないという怖さと、約1年半休んだことで気力も体力も回復していて、もう一度がんばってみようという気持ちの両方にあと押しされました。

中学を卒業すると、当時は強豪校と呼ばれていた高校に進学しました。通院で長く休んだこともあり、野球へのモチベーションはふたたび高まっていて、「高校でまたがんばろう」という気持ちになっていました。

やる気に満ちて入学しましたが、高校の野球部での生活もうまくはいきませんでした。

強豪校といわれるだけあって部員は１００人以上もいて、同じ学年にも30人くらい。中学のクラブでチームメイトだった子も何人かいました。

練習は中学のクラブチームほどハードではありませんでしたが、毎日休みがないことが大変でした。授業が終わると15時ごろから練習がはじまって、終わるのはだいたい19時か20時ごろ。学校は家から離れていて、片付けて家に帰るともう22時です。24時に寝て、朝は6時に起きて、6時半には家を出ていました。

週末も朝6時に起きて8時から17時まで練習です。正月以外は休みがない生活でしたが、そこまでがんばっても結果にはつながりませんでした。

中学校の後半は岡山にいて野球から離れていましたが、頭のどこかで「まだもうちょっと大丈夫。高校はこれからだし」と思っていました。それが高校生になって、「持ち時間がなくなってきている」と思ってしまい、焦っていました。

僕の最終目標はプロ野球選手になることで、高校野球で甲子園に行くのはその通過点にすぎないはずでした。しかし、このころはチーム内でレギュラーをとることも不確実で、プロはあまりに遠い夢になっていました。

高1と高2ととにかくがんばりました。思春期の高校生らしく、がんばっている姿を周りに見せるのは恥ずかしいとも思っていましたが、自分なりにいろいろな本を読んで、どうしたらもっと上手になれるだろうかと考え、家に帰ってからも自主練習をしていました。とにかくがむしゃらにやっていましたが、レギュラーになるという目標と自分の立ち位置が一向に縮まっていかない現実がありました。

高3になって最後の夏のメンバーが発表される前から、ベンチ入りするのは難しそうだと感じていました。僕はふたたび肘を怪我していました。

一生懸命がんばっていたチームメイトにはいまも申し訳ない気持ち思いでいっぱいですが、自分の実力が伴わなかったことや怪我が原因でベンチ入りを諦めかけたころから練習は別メニューになり、僕は筋トレに没頭するようになりました。

メンバー発表の日が近づくにつれて、苦しみと恐怖が増していきます。追い込まれていくなかで、押しつぶされないように耐えるためには、自分を納得させる言い訳が必要でした。「肘を怪我したからダメだったんだ」というのが僕の逃げ道のひとつでした。

いまになって振り返れば、それほどまでに親の、周りの期待に応えたかった、認めてもらいたかったのだと思います。そして、失敗している自分を見せたくなかったし、失敗している自分が受け入れられませんでした。

レギュラーにはなれませんでした。

最後は自分でも無理だとわかっていましたが、いざ現実に直面すると、それは想像もできないほどの大きな挫折でした。小中高と、紆余曲折ありながらも人生のすべてをかけ、生きる理由でもあったものが、突然そこで終わってしまったのです。

地区大会ではベンチにも入れずに観客席で応援していましたが、そこには地元の人や近所の人もたくさん応援に来ます。父は同じ高校のレギュラーで、みんなはそのことを知っていました。「ショウタはめちゃくちゃ野球が上手なあの人の子どもで、あんなに一生懸命やっていたのにベンチにも入っていない」。そんな風に見られているんじゃないかと思うと、すぐにでも逃げ出したいような気分になりました。

106-108 >
115-116
BAPPA-SHOTA
EVERYTHING IS GONNA BE ALRIGHT

CHAPTER

なぜ僕は
海外に行ったのか？

もう人生終わりだと思った

どんなスポーツもそうですが、上達のためには土台となる体づくりが欠かせません。ランニングで持久力を高めたり、筋力トレーニングをしたりするのは基本中の基本です。高校には野球部専用の練習場があって、そこにはバーベルやトレーニングマシンが置いてありました。筋トレは練習の一環でしたが、とくに冬場はそのボリュームが増えます。高2の冬には筋トレ自体がブームになって、自分がどれほど鍛えたか、仲間うちで見せ合ったりするようになりました。

見た目を気にする年ごろでもあります。チームメイトに負けじと僕も筋肥大に励みました。家に帰ってからも、初めは野球の練習をしていたのが、レギュラーになれないと悟りはじめてからは筋トレばかりするようになっていました。そのころになると、野球に必要な筋肉を鍛えるというよりは、かっこよく見られたいと思ってただやみくもに筋肉を大きくしていました。

僕の夢はプロ野球選手になることで、そのために小4でクラブチームに入り、高校でレギュラーになって甲子園に行くというステップアップをイメージしていました。自分にはその力があるということを証明して、親や友だちにも認められたい一心で、1年生、2年生と本当にがんばりましたが、レギュラーの座をつかむのは簡単ではありませんでした。だからといって、いさぎよく諦めることもできません。

肘の怪我は、目標が達成できなかった自分自身への言い訳になりました。筋トレは、自分の存在価値の「回復薬」だったのかもしれません。「すごい体してるね」と周りに言われることで、なんとか自信を保っていました。

ほかになにもなかった僕のいちばん近くにあったのが当時流行っていた筋トレで、それが逃げ道になっていたのだと思います。体は鍛えれば鍛えただけ応えてくれました。鏡で自分を見るたびにそこには着実に成長している自分がいて、自信を持てるような気がしたのです。

鏡を見て自信を取り戻す。体が大きくなると周りもすごいと言ってくれる。そうして自分が認められているのだと思い込み、もっと筋肉を増やしたい、脂肪はいらないとエスカレートしていきました。

当時は体に関する知識も十分ではなく、脂肪を減らすには食べなければいいんだと単純に考えてしまいました。食事をとらずに練習と筋トレをすると筋肉がくっきりと割れて見えるようになり、それがいいと思ってしまいました。

食生活はどんどん極端になっていき、気がつけば摂食障害になっていたのです。だれにもさとられないように隠していましたが、高3で最後のレギュラーが発表されたころは、過食嘔吐が最悪の状態になっていたのです。

減量のために食べることを我慢するようになりましたが、つらい練習をこなしたうえに筋トレもやっていたので、当然エネルギー不足になります。体は欲しているのに食べたくなくて、水を飲んでごまかしたりしていました。

我慢して、我慢して……でも最後は我慢しきれずにドカ食いしてしまいます。そうすると「うわぁ食べてもうた。人生終わりや」と自己嫌悪に陥ります。

そんな風に食べすぎてしまったあるとき、罪悪感で食べたものを吐き出そうとしました。吐こうとしてもなかなか吐けませんでしたが、自分で口のなかに指を入れたら吐くことができました。

吐くと罪悪感は一気に吹き飛んで、「これはいい」と思ってしまったのです。食べることも楽しめるし、吐いてしまえばお腹に食べものを入れておかずに済むからです。それから吐くことが癖になってしまったのです。

たくさん食べても吐いているので、体はどんどん痩せていきます。母は心配してちゃんと食べているかと聞いてきますが、「食べてるよ」と嘘をついていました。監督も気にかけてくれましたが、怪しまれないようにあえてみんなの前で食べて、隠れて吐くということを繰り返していました。

いちばんひどいときで体重は46kgまで落ちました。調子よく体が動くときのベスト体重が62kgくらいでした。身長は170㎝です。ほとんど食べずにそこまで痩せてしまうと、動くのもたいへんになって、校舎の3階にある教室までめまいがして上がれなかったこともあります。ついに練習もできなくなってしまいました。ちなみに、野球をやめたいまの体重は58〜60kgくらいです。

さすがにおかしいと気づいた監督が、病院に連れて行くように親に連絡を入れました。監督や親に知られるのが嫌で病院だけは行きたくありませんでしたが、もうおしまいです。最後のレギュラーが発表されたのが、ちょうどそのころでした。

もちろん、レギュラーにはなれませんでした。それだけではなく、摂食障害がバレるのも時間の問題でした。

どん底だ――。

もう人生終わりだと思った僕は、電車に飛び込もうとしたのです。

大声をあげてボロボロに泣き崩れる

死ぬつもりで電車に飛び込もうとしたのですが、死ねませんでした。そばにいた父につかまえられて、肩に担いで家に連れて帰られるとイスに縛りつけられました。僕は大声をあげてボロボロに泣き崩れ、家族もみんな泣いていました。

細かいことはもうあまり覚えていませんが、イスに縛りつけられて、放心してただただ目から涙がこぼれました。家族全員が僕のことを心配して泣いていました。家族が泣くのを見るのは初めてでした。

頭も体も働かない放心状態。このときが人生の底の底でしたが、それ以上落ちる場所はないので、あとは上がっていくしかありません。言い換えればそれは、いままでのごちゃごちゃから解き放たれた瞬間でもありました。

その日を境に病院に行く決心がつきました。精神科で「摂食障害ですね」と診断されて、薬を処方されました。

薬は飲みましたが、あまり効きませんでした。リバウンドしてはまた拒食になり、体重は増えたり減ったりを繰り返しましたが、最悪の状況は脱していました。

夏の大会が終わると3年生は引退します。薬よりも野球から離れたこと、友だちと遊びはじめたことで気持ちが解放されたのが大きかったと思います。

野球部を引退して、高校3年生にして生まれて初めて、「普通の学校生活」がはじまりました。ずっとやりたかったのが、これまで小学校でも中学校でもできなかったこと、友だちと遊ぶことです。

ダメなことだとわかっていましたが、悪いことばかりしていました。ここでは書けないこともたくさんやりました。

誕生日が早い子は高3ですでに車の免許を持っていて、なかには車で学校に通っている子もいました。僕も中型バイクの免許を取って乗っていました。夜は友だちの家に集まったり、コテコテに改造した車の集会をのぞきに行ったり、あてもなくドライブしたりしていました。

そのうちにお酒を飲むことも覚えて、大学1年生のころはお酒を飲んでよく喧嘩をしていました。野球をやっていたときにはできなかった遊びをしたかったし、うまくいかなかった反動や思うようにいかないストレスもあったのでしょう。自分を強く見せたい、お酒を飲んで暴れることがかっこいいとすら思っていたのです。

「いっぺん海外行ったらええねん」

大学には推薦で入りました。高2のときに、勉強しなくてもテストでいい点数を取るコツをつかみました。勉強ができる学校ではなかったので、そのなかではテストの点数はよくて、推薦をもらうことができたのです。

大学生に入ってなにかを学びたいとか、いい会社に就職したいという願望はまったくなくて、ただサークルでワイワイ楽しみたいと思っていました。学部を選べなかったので社会福祉を学ぶところに入りましたが、社会福祉にはまったく興味がなくて、頭のなかは遊ぶことばかり。

学校にはあまり行かず、毎日のように高校の友だちや先輩、地元の友だちと遊んでいました。コンビニ、居酒屋、工場、夜勤とアルバイトはいろいろやりました。バイトをしていたのは遊ぶためで、毎日朝まで飲んで学校に行くか、そのままバイトに行くか。出席日数はぜんぜん足りていませんでした。

うちはおじいも父もお酒が好きで、飲みに行くこと自体を咎められるようなことはありませんでした。「お酒に酔ってグダグダするなよ。人に迷惑だけはかけるなよ」とは言われていましたが、このころの僕は、飲むとよく喧嘩をしていました。

「あいつは飲むとすぐ喧嘩する」と言われていましたが、揉める相手は年配の人、年上の人が多かったです。年が上というだけで言うことを聞かされたり、一方的に考えを押しつけられたりするのが我慢できなかったからです。

お酒を飲むようになって、父とも喧嘩するようになりました。小中高と野球を続けましたが、いつからか、「やらされている」と思うようになっていたことも原因です。

父は強制したつもりはなかったと思いますし、いろいろあったことはいまでこそポジティブにとらえていますが、当時は父のために野球をやっているという思いもありました。

小4のときすでに、「今日は野球行きたくないなぁ。でもお父さんには言われへんなぁ」と思うことがありました。そういう不満が少しずつ少しずつ、溜まっていったんだと思います。そのうちつかみ合いの喧嘩もするようになりました。お酒の力を借りて、父に「俺の人生を返せ！」とまで言ったこともあります。

野球をやめてからずっと遊んでいましたが、大学1年生のころになると、それもそんなにおもしろくなくなってきました。友だちとバカ騒ぎをしても楽しいのはそのときだけ。女の子と付き合うこともありましたが、長続きしません。いつも、どこかに満たされない部分がありました。

毎日お酒を飲んでも満足できず、遊んでばかりいると言われました。野球で成功できず、かといって次の夢や目標はそう簡単には見つかりません。周囲からは理想の大学生像を押しつけられて、自分の本性や人格も否定されて、そのたびに喧嘩をして後悔していました。自分自身を押し殺して、息苦しさを感じていました。

そんな風に煮え切らない毎日を送るなか、親戚との再会が転機になりました。

ハワイに留学していた親戚は、帰国してカフェを開いていたので、店に通っていろいろな話をしました。一緒に飲みに行ってナンパしたこともあります。

年はひと回り上でしたが、彼がそのころの僕のことをいちばんよくわかってくれていたと思います。年の差を感じさせないくらい話が合いました。いつもくだらない話ばかりでしたが、時間を使って僕を気にかけてくれました。当時の僕にとっては、そこは最も居心地のよい場所でした。

ハワイの話を聞いているうちに、海外に興味を持つようになりました。

政治や文化、伝統、社会の仕組みのような話は一切ありませんでした。ただ毎日のようにどこかで大きなパーティがあって、なにもかもスケールが違うこと。女の子はかわいくてノリがいい。古く凝り固まった考え方にとらわれた大人たちに囲まれているのとは違う、自由で開放的な世界があることだけを教えてくれたのです。

夢も希望もなければ、毎日生きている意味さえわからない僕にとって、彼の話は新鮮に聞こえました。そこには、僕が日本で息苦しく感じていたのとは真逆の世界があるようでした。スケールが大きいそんな場所で遊んでみたいと思ったのです。

「オマエみたいなのは、いっぺん海外行ったらええねん」

ポンと背中を押されたような感じでした。

場所はどこでもよかったのですが、自分なりに調べてよさそうだと思ったのはアメリカとカナダとオーストラリアでした。アメリカとカナダはコストが高くて却下。オーストラリアはワーキングホリデーを取れるのも大きかったし、僕のなかにある「パーティといえばビーチでしょ」というイメージにもぴったりでした。

「オマエは学校でぜんぜん勉強してこなかっただろ」と彼は言いました。図星です。

「でも、そういうヤツの方が英語は身につくから。そのかわり、しゃべれるようになりたければ日本人とはつるむなよ。現地に行って、思いっきり遊んでこい！」。

日本を飛び出してオーストラリアへ

いま、多くの人が僕のYouTubeを見てくれるようになって、「海外に行っていちばん怖かったのはどんなときですか？」とよく聞かれます。

これまでいろいろな経験をしましたが、危険といわれる、例えばスラムのような場所で怖いと思ったことはそれほど多くありません。いちばん怖かった体験のひとつは、初めてオーストラリアに行く飛行機のなかでした。これからはじまることに対する期待もありましたが、飛行機に乗るのも初めてだし、行き先がどんな場所かわからず、英語もまるで話せません。とにかく不安の方が大きかったです。

オーストラリアでは初めに語学学校に通い、それから仕事を見つけるつもりでいましたが、すぐに友だちができました。メキシコから来たアイザックと僕は、語学学校でいちばん出来が悪いふたりでした。

お酒とパーティが好きな僕たちが友だちになるのに言葉はいりませんでした。初めての授業が終わった後、目が合ったので乾杯する仕草をすると、ふたりでビールを飲みに行きました。お互い英語は話せませんでしたが、ジェスチャーのみでただお酒を飲んで楽しい時間を過ごしました。彼とはそれ以来、いまでも親友です。

その後どういう経緯でそうなったのかまったく覚えていませんが、気がついたらアイザックとパーティで知り合ったブラジル人4人と僕の6人でシェアハウスでの生活をはじめていました。英会話はまったくといっていいほどできず、ただお酒とパーティが好きな6人でした。

僕自身は、初めは「ハロー」と「ハワユー」しか話せませんでした。マクドナルドに行っても注文できなかったし、道を聞くこともできなくて、バスで30分のところに4時間かかったこともありました。

周りはだれも日本語を話さないので、片言でもなんでも、どうにかしてこちらの意思を伝えないといけません。そこで、ノートをつくって毎日一文ずつ覚えていきました。生活のなかで直面する、どうしても言いたい一文をメモして、家に帰ったら調べて次の日に実際に使ってみる。それをひたすら繰り返します。正直、教室で習うよりも実践する方が学びが多いと感じたので、語学学校はすぐに辞めてしまいました。

書いて、調べて、パーティで話す。パーティが語学学校で、女の子と話すのが授業でした。ナイトクラブが休みになる月曜日以外は、毎日「語学学校」に通っていました。3か月もすると、日常のコミュニケーションには困らないようになって

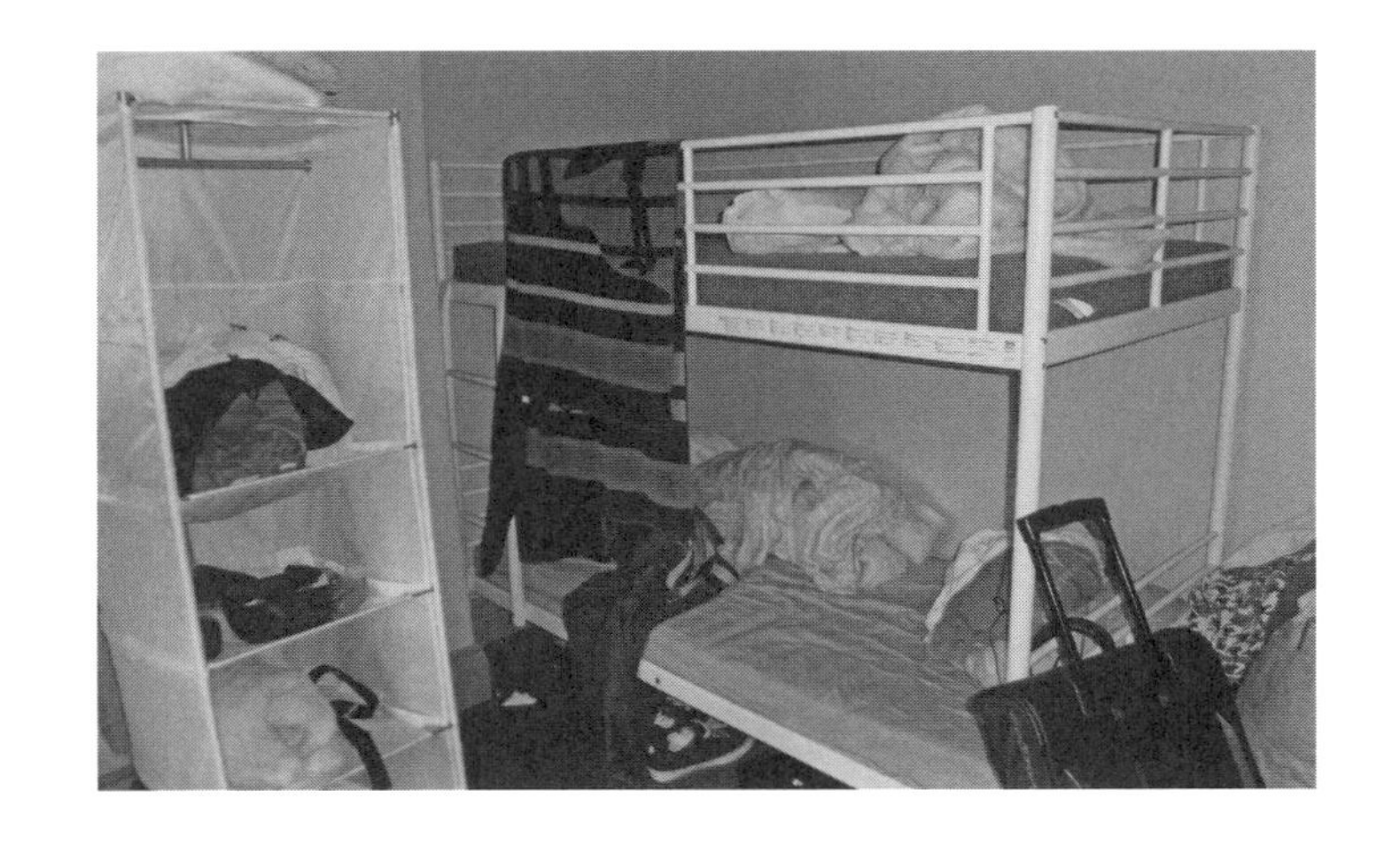

いました。難しいニュースを聞いたり深い話をしたりするのはまだ無理でしたが、食べたいものを頼んだり、道を聞いたりするのは不自由なくできるようになりました。

そのまま1年くらい続けていたら会話で困ることはほぼなくなって、もう十分だろうと思ってそれもやめました。オーストラリアに渡って1年目以降は勉強することもなくなったので、僕の英語力はそこからあまり変わっていないと思います。

日本語が使えない環境にいて独学で編み出した学習法でしたが、教科書では習わない生きた英語やローカルな使い方を覚えたことで、実践的な英会話が身についたと思います(なかでも女の子の口説き方がいちばんためになったし、意欲もありました)。

新しい自分がそこにいた

シェアしていたのはマンションの一区画で、リビングとキッチンのほかに3部屋ありました。僕はアイザックと同じ部屋で、残りの2部屋にブラジル人がふたりずつ。マンションの前にはプールもあったので毎日のようにだれかを呼んでパーティをしていました。

アイザックはメキシコ人なので母国語はスペイン語です。彼も英語は苦手でしたが、スペイン語を話す人はたくさんいたのでコミュニティは広く、パーティの誘いはしょっちゅうありました。誘われればもちろんついていきます。

初めて参加したのはハウスパーティで、マンションの一室でしたが50人くらいは集まっていたと思います。パーティはナイトクラブが休みになる月曜日以外は毎日どこかで開かれていて、そこに行けばだれもがフレンドリーに迎えてくれました。

僕は小さいころから人と会話するのが好きでした。でも、日本では知らない人に急に話しかけると驚かれたり、それが異性だったりすると怖がられたりします。だから気を遣ったり遠慮したりしていましたが、オーストラリアではそんな配慮はまったく不要でした。

話しかけるといっても特別なことではありません。「どこから来たの?」とか「オーストラリアにはなにしに来たの?」とか、ごく普通のことです。でも、日本にいたときにいつもどこかで感じていた「壁」を感じることなく、のびのびと会話できるのはなにより心地よいことでした。

日本でよく感じていた「枠」も、ここにはありませんでした。日本では年長者や先輩と一緒にいるときに、「自分はこういう意見がある」と言っても、「それはダメだろ」「間違っている」と却下されることがよくありました。「こうでなければいけない」とか「こういう人物でいなさい」という枠のようなものがあって、そこからはみ出すことが許されませんでした。僕にとってそれはとても息苦しく、おかしなことで、喧嘩になることもよくありました。

しかし、初めて会った外国の人たちは「それおもしろいね、いいね」と僕の意見を対等に、偏見なく受け入れてくれました。そんな風に自分が尊重されるのは、僕にとって初めてのことでした。

たくさんの人と出会いましたが、国籍によってそれぞれの「当たり前」がありました。いろいろな「当たり前」は、僕が日本にいたときの「当たり前」とはぜんぜん違っていて、僕の常識はどんどん崩されていきました。

それは同時に、いままで息苦しく感じていたこと、否定され続けてきた自分の殻のようなものも打ち壊してくれるように感じました。

外国人の間に身を置くことは居心地がよく、いままで出せなかった自分の本性をさらけ出すこと

ができました。そうして受け入れてもらえると自分のことが好きになれて、毎日が楽しく、生き甲斐も感じられるようになったのです。

気がつけば日本にいたときには知らなかった、新しい自分がそこにいました。

高校3年生の夏に野球部を引退してからも摂食障害の症状は続いていましたが、日常生活に支障をきたすほどではありませんでした。ただ、大学生になってからも吐き癖は治らず、食べすぎた後にはよく吐いていました。もう、やめられない悪い癖のようになっていましたが、オーストラリアに来て、自分が解放されるにつれて、徐々に吐くこともなくなっていきました。

CHAPTER

旅を続けようと思った理由

大学を中退してオーストラリアに戻る

初めての海外生活はすべてが楽しく順調でしたが、1年後に僕は帰国しました。渡航のために大学を休学していて、1年で帰国して復学するという約束をしていたからです。日本に帰りたいという気持ちはありませんでしたが、一方的に約束を破ることはできず、これから自分がどうしたいのか、きちんと説明しなければいけないと思っていました。それを済ませたらすぐにでもオーストラリアに戻るつもりでいました。

1年ぶりの実家で、もう大学には戻らないと宣言しました。海外でいろいろな生き方や、本当にやりたいことを実践して幸せそうに暮らしている人たちと出会い、興味もない学問の卒業資格を取るためにただ出席日数だけをクリアすることになんの魅力も感じなくなりました。当然のように反対されましたが、これから海外で生活していきたいという強い決意を伝えたら、最終的には受け入れてくれて、「自分の道を進め」と言ってくれました。

オーストラリアで過ごして、僕がこの先の残りの人生過ごせる場所は海外だけだと思っていました。パーティは楽しく、心のなかに眠っていた本当の自分を受け入れてくれる人間関係にはストレスがなく、環境も素晴らしかった。日本での大卒以上の収入が得られる仕事も転がっていました。悩ましかった摂食障害も治っていて、それ以前の生活から180度変わりました。

海外での仕事は、たぶん多くの人が興味を持つところだと思います。

オーストラリアの1年目はワーキングホリデーでした。最初の仕事は日本食レストランでした。英語が話せなかったので日本人がいる職場がいいと思いましたが、日本人同士でいると、日本に住んでいたときと変わりません。やっぱり現地の人と働きたいと思うようになって、すぐに辞めました。

次の仕事もすぐに決まりました。海外は仕事の探し方も日本とは違いました。その後僕が就いた仕事は半分が友だちからの紹介で、もう半分は自ら履歴書を持って行き、「働きたいです。人探してませんか?」と尋ねて回って見つけました。

シェアハウスの友だちが紹介してくれたのは、遊園地の観覧車の窓拭きの仕事でした。その後もいろいろな仕事を経験しました。食料品の配送、オフィスクリーナー、バナナ農家、ウェイターや配達の仕事、建築系、英会話ができるようになるとコールセンターでも働きました。占い師の予約の受付や、問い合わせに答える仕事でした。

日本に比べると、仕事の環境も圧倒的に恵まれていましたし、賃金もよかったので、生活費をまかないながらもお金を貯めることができました。上司とは友だちのような距離感でガミガミ言われることもなかったし、休みも自由に取れました。

日本で働くなんてアホらしいと、20歳の僕は思っていました。

そうやって貯めたお金で、一時帰国をする前に2~3か月かけてタイとインドネシアとシンガポールに行きました。初めての東南アジアでしたが、一般的な観光地にはまったく興味がなくて、目当てはそこで開かれるパーティでした。仕事をしてお金を貯める。お金が貯まったら旅をする。この体験がいまの旅暮らしの原点です。

英語を学ぶためにつくったノートには、日々気がついたことも書き留めていました。1年目と2年目は日本の悪口をよく書いていました。自分のありのままの姿を受け入れてくれないこととか、枠からはみ出すことを許容せず、そこにはめ込もうとする横暴な大人たちや社会への不満です。

それに対して、オーストラリアには自分らしく生きている人がたくさんいました。ノートを見返してみると、最初の年に繰り返し書いていたのは「be myself」という言葉です。ノートに書くことで自分を励まし、勇気を与えようとしていたのかもしれません。

育った環境のせいか、自分を出そうとしても体が拒否反応を起こしてしまいます。それでも、隠すことなくそのままの自分を出している周りの人を見ながら、少しずつ自分を出せるように変わっていったと思います。素の自分を出せば出すほど、周りに受け入れられていくのがわかりました。そんな自分を受け入れてくれること、好きになってくれることで自分の存在価値が高まるような気がして、とてもうれしかったのです。

毎日のようにあるパーティでは、いろいろな国のいろいろな年代の人に会いました。そこにはもちろん日本人もいましたが、意識的に近づかないようにしていました。日本にいたときのトラウマが戻ってくるような気がしたからです。

日本に帰るとふたたび枠にはめられて、自分が嫌いな自分に戻ってしまうかもしれない。それはもはや、恐怖でしかありませんでした。

オーストラリアの生活はそれとは真逆で、なにからなにまでうまくいっていました。こんなに素晴らしいと感じた1年間はそれまでの人生でありませんでした。

一時帰国をして大学を中退した後、2か月間派遣の仕事をして、ほんのわずかでしたがお金を貯めるとすぐにオーストラリアに戻りました。

価値観の相違からくる家族との意見のぶつかり合いはこの後もたびたび起こりますが、そのたびに会話をするようにしていました。初めは聞く耳を持たなかった両親も、会話を繰り返すことで受け入れてくれるようになりました。

父は海外に出るまでの自分と海外に出た後の自分を最もよく知る最大の理解者で、僕にとってかけがない人物です。いまでも困ったときには父に相談します。

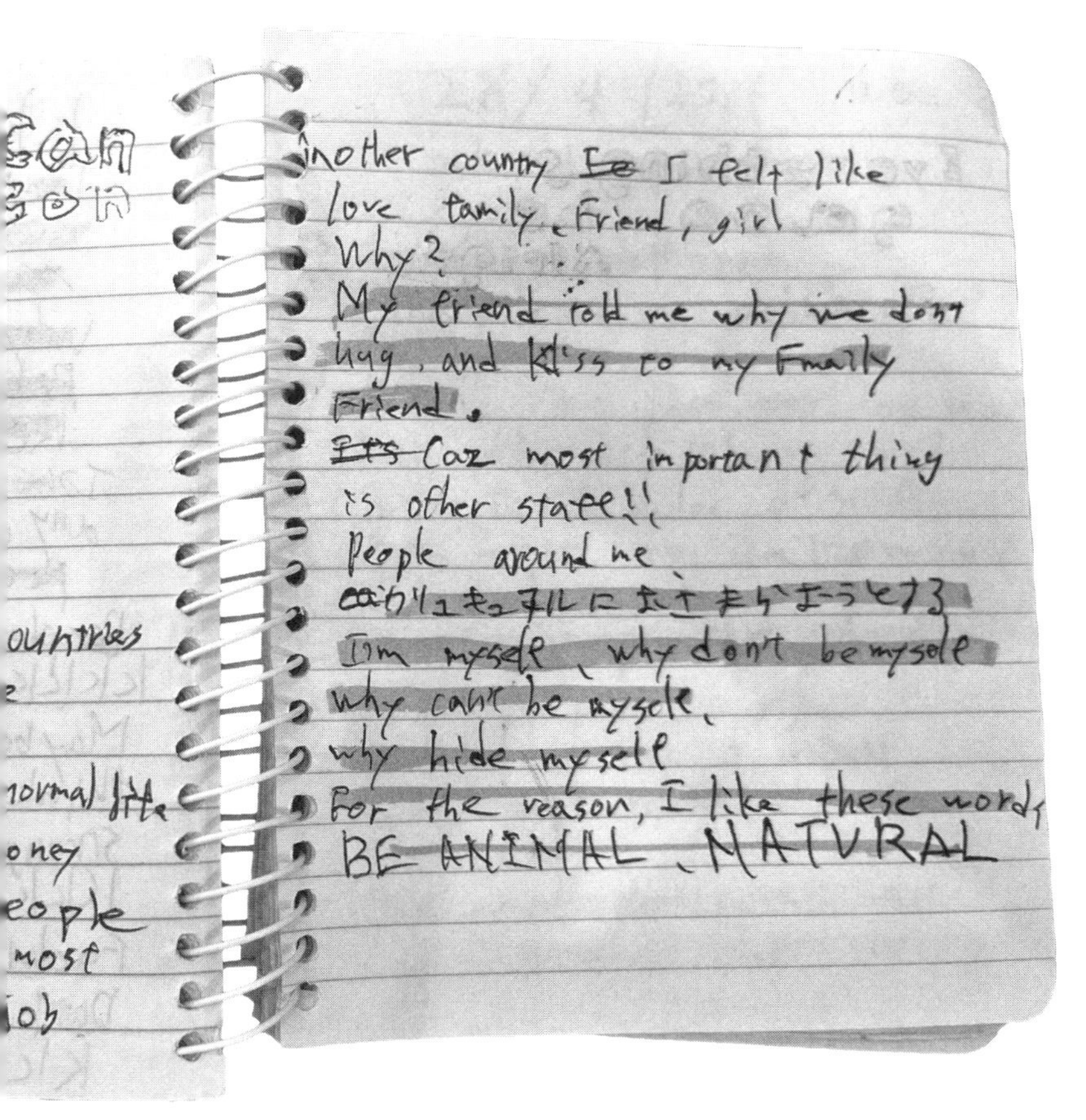

2014年、メキシコのカンクン滞在最終日のノート。日記なので文法はめちゃくちゃだが、右下に「be myself」と繰り返し書いている。

俺は俺じゃないか。
なんで自分は自分自身になれない？
どうして自分自身を隠そうとする。
もっと自然に、もっと動物的に。

仕事をしてお金が貯まったら旅をする

ふたたびオーストラリアに戻って新しい生活がはじまりました。

1年目に出会ったスペイン人の友だちがまだオーストラリアにいたので、彼とチリの友だちとでルームシェアをしました。そこで4か月ほど仕事をしてお金を貯めて、僕は車を買いました。

車を手に入れて、僕は郊外のバックパッカー（安宿）に拠点を移してバナナ農園で働きはじめました。街から離れたそういう農園の近くには、だいたいバックパッカーがあって、海外からの旅人がそこに滞在しながら働いていました。

農場で働くファーミング（farming）はこれぞバックパッカーの仕事という感じで、宿は世界各国から集まった旅人で賑わっていました。

僕を含めてまだ若い人が多く、みんなパーティが好きで、仕事が終わると近くのスーパーでいちばん安い料理用のボックスワインを買って公園で乾杯します。盛り上がるとそのままクラブに行って、翌日また一緒に仕事をするという毎日でした。

飲みながらするのは旅の話。あそこの国はおもしろいとか、あの仕事は賃金がいいとか。そしてだれもが、お金をかけずに旅をする知恵を持っていました。

オーストラリアは賃金がよくて、旅の資金を稼ぐためにわざわざオーストラリアに来ている人もたくさんいました。滞在しているのはオーストラリアでしたが、周りはそういう人たちばかりだったので、世界中の旅人と暮らしているような感じでした。

そのなかでもラテン系の人とは気が合いました。最初の滞在でルームシェアをしたのもブラジル人だったし、2度目もスペインやチリの人でした。

彼らと話をするうちに、彼らが育った場所を見たいと思うようになって、半年ほどお金を貯めてブラジルに飛びました。

ブラジルからコロンビア、メキシコ、アメリカのロサンゼルスまで半年ほどかけて渡り歩きました。お金がそんなになかったことと観光地に興味がなかったことから、友だちの家を転々としていました。

この旅の間、宿泊費は一切かかりませんでした。かかるのはエアチケットと遊びに行くお金くらい。当時はこういう旅を繰り返していました。

初めてのブラジルもまたカルチャーショックの連続で、それまでの常識がどんどん覆されました。最初に感じたのは彼らの家族愛です。久しぶりに会った家族とハグしたり、ほっぺにキスしたり、当たり前のように「愛してるよ」と言葉にします。日本では考えもしないようなことを普通にするし、感情をストレートに表現する。そこにはこれまでまったく知らなかった生活があって、すごく新鮮に感じました。

人と人との距離感がとても近いのも新鮮でした。友だちの家に泊まらせてもらうと、家族のように受け入れてくれました。日曜日になると家族や親戚が集まってランチを食べましたが、その席にも招待してもらいました。

友だちと一緒におばあちゃんに会いに行ったり、初めて会う友だちの友だちの結婚式に招待されたり、ローカルが集まるパーティに参加したりと、現地のリアルな生活を見せてもらいました。

友だちと道を歩いていると、友だちの友だちに出会うこともあります。それが初対面でもすぐに仲良くなって、ストリートでお酒を飲んで、音楽を鳴らして楽しんでいました。一晩一緒に過ごせば、昔からの友だちのように仲良くなれたのです。

「この生き方、めっちゃ好きやな」

友だちの家を転々としながらブラジルからロスまで続いた現地のリアルな生活を見る旅は、僕にとってとても大きな経験になりました。そこには、オーストラリアでも経験したことがなかった暮らしや人と人とのつながりがありました。だとしたら、ほかの国にはきっとまだまだ知らない世界があるはず。

「もっと世界が見たい」と僕は思いはじめました。

ワーキングホリデーでニュージーランドへ

こうして2年目のオーストラリアは、1年目よりもさらに充実した濃い時間になりました。しかし、ワーキングホリデーでオーストラリアに滞在できるのは2年間です。日本にはまだ帰りたくありません。じゃあどうしようかと、同じように滞在できる国を探して見つけたのが隣国のニュージーランドでした。オーストラリアからニュージーランドへ、同じくワーキングホリデーで渡りました。

ニュージーランドでは、ほぼ1年かけて北島から南島を回りました。ひとつの場所で2か月とか3か月仕事をして、ヒッチハイクで移動してまたそこで働く。仕事がある場所が次の目的地になりました。

オーストラリアでは街に住んでいる時間が長く、レストランやクラブに行くような都会の遊びが中心でしたが、ニュージーランドでは自然のなかで遊ぶことを覚えました。

キャンプをしながら野外フェスに参加したほか、登山やトレッキングを覚えたのもニュージーランドです。この本のパッケージ写真も北島のテ・ウレウェラ国立公園にあるワイカレモアナ湖に行ったときに友だちに撮ってもらったものです。

フェスでもトレッキングでも結局はお酒を飲んで楽しむので、そういう面では一緒でしたが、ニュージーランドでは緑のなか、自然のなかで遊ぶことが多くなりました。


オーストラリアからはじまった海外生活も3年目になって、転々とするうちにたくさんの友だちができました。最初に友だちになったのがメキシコ人で、ルームシェアしていたのがブラジル人。

中南米の人たちとは相性がいいのか、一緒にいてすごく心地よく感じられます。何が合うのか説明するのは難しいんですが、お金がなくてもお金がある以上に楽しめる生き方とか、ジョークの言い方とか、失敗したときの励まし方とか、彼らとは魂がマッチするような感覚があります。

どんなに退屈な日もその場を楽しい時間に変える特殊な能力があるかのようで、彼らの人間関係のあり方、どんな人でも家族のように接する距離感が、僕は大好きです。

仕事面では、僕はフランス人と合っているような気がします。もちろん僕が知るかぎりですが、フランスの人にはラテンっぽい陽気なところと、日本人にも似た職人気質のようなものが同居しています。僕は仕事はきっちりやって、楽しむときは思いきり楽しむというメリハリがはっきりしている方が好きですが、フランス人はまさにそんな感じでした。

メキシコ人やブラジル人は、日本人の感覚からするといい加減に見えるところがあります。でも、彼らのすごいところは、雑談でクライアントと仲良くなって楽しませるんです。ゆるく楽しく仕事をして、そのせいで約束した期限に間に合わないこともよくあるんですが、仕事中にクライアントと仲良くなって、不思議なことに文句が出ません。

ほかにもいろいろな国の人たちと仕事をしてきましたが、国ごとに仕事の仕方にもクセがあっておもしろいものです。

これも相性の問題だと思いますが、プライベートではメキシコ人やブラジル人が最高の友だちです。彼らといると、まったく壁を感じません。友だちの友だちと初めて会ってもすぐに打ち解けられます。

いまも「あの国に行きたいんだけど、だれか知り合いおらん?」と聞くと「おるでーっ」とリアクションがあって、会ったこともない友だちの友だちとつなげてくれて、新しいその人とも友だちになって、その連鎖でどんどん輪が広がっていきます。

ニュージーランドでの1年間のワーキングホリデーが終わりになるころ、僕はワイヘキアイランドという島にいました。北島のオークランドからフェリーで40分ほどのところにある島です。旅の途中で出会った人にいいところだと聞いていて、楽しみにしていた場所でした。

ワイヘキ島は噂に違わず素晴らしい島で、すぐ

に好きになりました。車だと30分もあれば一周できる小さな島ですが、海も緑もあって街もある、みんなが顔見知りの小さなコミュニティがありました。

こんな場所で仕事ができたらなぁと思いました。ツテはまったくありませんでしたが、「なにか仕事はありませんか?」とランドスケープガーデニング(造園)をしている会社を何軒か訪ねてみました。ダメ元でしたが、3軒目か4軒目に訪ねた会社でマオリのオーナーが話を聞いてくれたのです。

彼は自宅に招いてくれました。履歴書はあるかと聞かれ、あると答えると「ほな、面接いまからしようか?」とビールを出してくれました。ビールを飲みながらの「面接」は世間話からはじまり、彼は日本庭園が好きなのだと教えてくれました。「少しだけどオーストラリアで庭師の仕事をしていたことがある」と話すと「明日から来い」と。

従業員6人の小さな会社でしたが、仕事はとても楽しかったです。庭をつくるような場所なので、職場はだいたい海が一望できる一等地だったりして、仕事をしているという感覚も希薄でした。会話が弾んですぐ休憩したり、ときにはビールを飲みながら働いたり、休憩時に海へ飛び込んだりして、ものすごくゆるい感じです。あまりにもゆるすぎて、職場まで毎日ヒッチハイクで通勤していました。長い期間その島で過ごしましたが、職場だけでなく、島自体がみんなで助け合うゆるいコミュニティで、こういう暮らしもいいなぁと思いました。

ただ、ワーキングホリデーのタイムリミットが迫っていました。オーナーは僕のことを気に入ってくれて、その話をするとワークビザを出してくれたのです。僕の認識では、ワークビザを取得して3年くらい働けば永住権が取得できたと思います。当時、日本には絶対に住まないと決断し、どこかで永住権が欲しいと考えていた僕にとっては最大のチャンスでした。そのとき僕は23歳でした。

バランスよく生きることの大切さ

ニュージーランドでは自然のなかで遊ぶのが好きになって、その反動でインターネットが嫌いになりました。ネットは、体はそこにいても心は別世界に飛んでいます。それよりも「いま目の前で起こっていること、いま目の前にいる人、いまを大切に」という生き方が好きで、約2年間スマホやSNSをすべて絶ってテント泊やヒッチハイクをしながら過ごしていました。たまに「生きてるよ」と両親に連絡するくらいでした。

スマホやインターネットがないことによって、いまこの場所で起きているものごと、一瞬一瞬を大切に生きる感覚が芽生えました。目の前で現実に起きていることを五感で受け止めることで、地球に生きているという実感を得られました。人生をよりシンプルに、ポジティブにとらえられて、ものごとに感謝し、幸せを感じられるようになりました。

スマホやネットがもたらす「便利」が、どれだけ自分の時間を奪っているのか、人が生きるうえで大切なことをなくしてしまうのか、を感じる日々でした。

ワイヘキ島で新しく就いた庭師の職場では、1年間に3か月の休みがもらえたので、9か月働いた後、3か月のホリデーに入って僕は東南アジアを回っていました。2週間ほどマレーシアの僻地に滞在した後で、ネットがつながる場所に帰ってメールを開くと、母や親戚から大量のメールが届いていたのです。

何事かと思ったら……おじいが亡くなっていました。

たまたまメールを開いたのはおじいが亡くなった次の日でした。そのときはなにも考えることができず、必死に空港へ向かい日本までのチケットを購入しました。飛行機に乗り込み、一息ついたところで一気に現実が頭のなかに入り込んで来て涙が止まらなくなり、CA（キャビンアテンダント）の女性が隣で慰めてくれました。そして、お葬式の最後になんとか間に合いました。

僕はおじいちゃん子でした。幼稚園のころから、親が仕事で忙しいときはおじいがずっと面倒を見てくれました。親には言えないこともおじいには話せて、心の支えになっていました。悪さをして殴られたこともありましたが、僕のことをいつも優しく受け止めてくれるいちばん近い存在でした。岡山の療養生活でも、毎日忙しい両親に代わって面倒を見てくれたのはおじいでした。

おじいの最後を見ることができなかったのは本当に悲しかった。もしもネットを使っていたら、おじいの体調のことを知ることができたかもしれない。このときに初めてネットの便利さとありがたさを痛感しました。この世界を生きていくなかで、バランスよく生きることがとても重要なのだと気づかされました。おじいが亡くなってからもバランスという意識はつねに僕のなかにあり、生活の軸になっているような気がします。

世界を旅して、いろんな学びがあるなかで、よくおじいを思い出します。旅先で気づいた学びについて考えてみると、昔おじいがよく口にしていたことだなと。当時はまったく彼の発言の意味が理解できていませんでしたが、旅先で実際に経験することでその意味の深さがわかります。おじいはいつも僕の心のなかにいてくれるような気がします。

YouTubeをはじめたころはカメラに向かって話すことに慣れていなくて、亡くなったおじいの写真をカメラの上に貼って、おじいと話してるような感覚でカメラに話しかける練習をしました。――おじいには感謝しかありません。

CHAPTER

4

旅をYouTubeでシェアする

フィリピンでの新たな出会いと新たな旅

旅の途中でおじいの訃報を受け取り急遽帰国しましたが、3か月あるホリデーはまだ残っていたので、お葬式が終わった後もしばらくは日本で過ごすつもりでいました。しかし、日本での生活はやはり息苦しく、トラウマが戻ってくるようで耐えられずに飛び出してしまいました。

わずか2週間ほどでふたたび日本を出ることになりましたが、まだ休みも残っているし、ニュージーランドに帰る前にどこかに寄ってリラックスしようと思いました。僕はフィリピンに飛んで、そこでスコットランドから来た女性、ルースと出会ったのです。

早朝に飛行機が着き、そのまま少し眠るつもりでまっすぐ宿に向かいました。ひとつの部屋に二段ベッドがいくつも置いてあるような宿に着くと、入り口のソファにルースが座っていたので、挨拶がてら話しかけました。どこから来たの?とか、どこを旅するの?とか、そんな普通の会話だったと思います。

おじいが亡くなったばかりだったので、僕は気持ちが落ち気味でした。ちょっとリラックスしたいというくらいで、とくに行きたいところもありませんでした。ルースと話してみると、彼女は旅の計画をすべて立てていました。ノープランだった僕は、「ほな、ついて行ってええ?　一緒に行くわ」という感じで彼女の旅に同行し、それからお互いのことを話したりして仲良くなって、そのままの流れで1か月のフィリピン滞在中はずっと行動をともにしました。

思いがけず訪れた楽しい日々はあっという間に過ぎて、ホリデーもいよいよ残りわずかになり、まもなく僕はニュージーランドに戻らなければなりません。ルースはまだ旅の途中で、次はまた違う国に行く予定でしたが、「一緒にこーへん?」とニュージーランドに誘ってみたところ、ルースはOKと言ってくれました。

ニュージーランドに戻り、まずはふたりで住む場所を探しました。以前住んでいた家は引き払い、僕らは同棲をはじめました。僕は庭師の仕事に戻り、ルースも仕事を見つけました。

彼女は気遣いができる人です。ふだんの生活でも、どこかに招かれたときでも、新しい人と出会ったときでも、こまやかな気遣いができて、日本人っぽいなぁと感じるところもありました。いちばん気が合ったのは、お互いに旅好きだというところでした。

ニュージーランドでの生活は半年ほど続きました。生活に不満はなく、ワークビザも取得できていましたし、永住権はとても魅力的でしたが、そのとき僕はまだ24歳でした。「24歳でひとつの場所に落ち着いてしまうのはどうなんだろう……？」と思いはじめていたのも事実です。

ワイヘキ島での生活は素晴らしいものでしたが、この地球にはまだまだ見たこともないような世界がたくさんあるのだと考えると、このままここに居続けるのは惜しいような気がしてきました。僕はもっと旅をしたい、いろんな世界を見てみたいと考えるようになっていました。

悩んだ末にボスに相談しました。ボスは旅好きなサーファーで、年に3か月の休暇をくれるのも自分自身が世界中の海で波乗りをしたいからです。若いころ同じようにバックパッカーとして旅をしていたボスは、僕の相談に対して、「若いんだからもっといろんなところに行ってこい。いつでも帰ってくればいいよ。帰ってきたらいつでもビザは出してやるから。またここで働いてくれていいから」と言ってくれたのです。

僕はルースと旅を続けることにしました。

なんと、次の目的地は日本です——。

日本のいいところが見えてきた

日本を選んだのはルースが行きたいと言ったからです。日本に帰ることは僕にとっては不安でしかありませんでしたが、ルースと一緒に帰ってきてみると、予想とは裏腹にひとりでいるときとはぜんぜん違う感覚で日本を見ることができました。

当たり前ですが、ルースは海外で生まれて海外で育ちました。そういう海外目線の人が隣にいてくれたから、僕自身も違う目線で日本を見ることができたのだと思います。海外で育った人が隣にいるだけでこんなにも違う目線で見られるとは思ってもいませんでした。

海外の文化や生活を経験したことで、僕は日本の「当たり前」は世界の当たり前ではないと知りました。しかし、日本人の僕が日本人の間にいると、周りの人の「当たり前」にやっぱり抗(あらが)うことができませんでした。

これは、僕が育った環境もあるのかもしれません。でも、いちばん苦手だったのは、「若い人はこうあるべき」というような理想の人間像を期待されて、自分自身を出しにくいような、押し殺さなければいけないと思わされるような空気が、つねに周りにあったことです。ルースと帰ろうとしたときもそこに恐怖心があったし、いざ帰ってくると実際にふたりでそんな体験をしました。

例えば、初めて会った人に何をしているのか聞かれて、仕事をしながら世界を旅していますと答えると、「アイツは大学を辞めて就職もせずに遊んでいる」なんて言われます。それも僕やルースに直接言うのではなく、ほかのだれかから「こんな風に言われてるで」と耳に入ってきます。

ルースは、「Doesn't matter.（気にしなくていい）」と言ってくれました。こんなのは日本だけだよと。若いうちに旅をするのは、ルースが生まれたスコットランドやヨーロッパではごく普通のことです。大学を中退して旅している人も特別珍しい存在ではなく、逆に、うらやましいなんて言われたりします。日本ではたしかに一般的ではないかもしれませんが、海外ではそういう人を否定するのではなく、むしろ応援してくれます。社会の枠より、個人の意思を尊重してあと押ししてくれます。

「まだ結婚しないの?」とか「まだ子ども生まれへんの?」なんて言われると、頭ではそんなことは個人の自由だとわかっていても、期待されているんだなとプレッシャーに感じてしまいます。

でもルースと一緒にいると、冷静になって海外の目線で見ることができました。個人の意思を尊重する文化が当たり前の人が隣にいることは、僕にとって大きな救いになりました。それまでひとり悶々としていたのが、分かち合える人がいることで心に余裕が生まれました。

ルースと一緒に日本で生活することで、まったく違う目線で日本を見られるようになりました。それまでネガティブな印象しかなかったのに、まったく逆の、ポジティブな日本が見えるようにもなってきたのです。この日本での滞在が、目線ひとつでこれほど違う世界に見えるということを感じた第一歩になりました。

「日本はこういう厳しいところがあるけど、それがあるからこそ、こういういいところもあるんだな」という見方ができるようになりました。ルースとのこの体験は、日本のことが大好きになっていく僕の新しいスタートになったのです。

旅をYouTubeでシェアしたらどう？

少し話が戻りますが、初めて南米を旅したころから、旅をしながらお金を稼げたらいいのにと考えていました。一定期間働いてお金が貯まったら旅に出て、そのお金を使い果たしたらまた働くというループではなく、旅をしながら仕事をして、ずっと旅をし続けたいと思っていました。

それは、果てしなく遠い夢のように思えました。僕は勉強もあまりしてこなかったし、知識も資格もなにもなかったからです。しかし、これは社会の「当たり前」にとらわれた固定観念だったということに気がつきました。

ルースともそんな話をしながらオンラインでできる仕事を探してみたところ、語学を教えるサービスがありました。国語も苦手だったので無理だろうと思いつつも、応募してみると仕事をもらえました。信じられない気持ちでしたが、やってみると意外と評判もよく、次の仕事につながりました。努力をすればもっと仕事ができそうでした。

オンライン教師の収入は月に10万円程度でしたが、スカイプで授業をするので、ネットさえつながればどこにいても仕事ができるのは大きなメリットです。それまでの旅の経験で、お金がなくてもどうにかして安く生きる知恵は身につけていたので、贅沢はできませんが旅を続けることはできました。

オンライン教師への挑戦はたまたまうまくいっただけかもしれませんが、この挑戦がいままであった固定観念を打ち壊し、「本気でなにかやりたかったら、やればなんとかなる精神」を教えてくれる出来事になりました。その後のキャンピングカーづくりやYouTube活動への入り口をつくってくれたような気がします。

オンラインで日本語を教えながら旅を続け、無駄遣いはせずに少しずつお金を貯めて、ルースの故郷であるスコットランドに行きました。それからふたりでメキシコに行って、ルースはひとりスコットランドに帰り、僕はコスタリカを目指しました。

コスタリカのある夜、僕はジャングルにいました。宿ではWi-Fiが使え、なぜか一緒に高校で野球をした友だちの大盛の顔が浮かんで電話をしてみました。卒業後も毎晩遊んだ仲で、一緒にいるときにまったく会話しなくても平気な、気を遣わなくていい友だちです。

それまで、日本の知り合いと海外の話をしても、あまり話が続きませんでした。海外で出会う人はだれもが世界で起きていることに興味を持っていて、いまいる国とは違う国のことが話題に上ることもよくありました。しかし、例えば日本でコスタリカの話をすると「コスタリカってどこ？」からはじまって、それより深いところまで話が広がることはありませんでした。

周りがそんな反応だったので、海外のことには興味がないんだなと思っていましたが、そのときはいろいろな話をしました。旅先での出来事をただ話しただけではなく、「いま日本で起こっていることは、海外の人からはこんな風に見られているよ」と話すと、「へぇ、そんな目線なんや」ととても興味深そうに聞いてくれました。

友だちは言いました。「自分がいましている旅をYouTubeでシェアしたらどう？」

「そんなん、だれも興味ないやろ」と返しつつも、やってみたいと思いました。

海外の話なんて日本ではだれも聞いてくれないと思い込んでいたので、友だちが前のめりで聞いてくれたのはとても新鮮だったし、素直にうれしかったからです。

海外の目線を知ったことで、僕は日本が好きになっていったし、それをわかってくれる人がいた喜びもありました。友だちが喜んでくれたように、僕がシェアする世界を、興味を持って聞いてくれる人や個人の意見の尊重をしてくれる人が増えたら、僕は帰りやすくなるだろうとも思いました。

そうなったらもっと素晴らしい社会になると思ったし、もしも僕と同じように日本にいて息苦しいと感じている人がいたら、そういう人の助けになれるかもしれないとも。

こうして僕はYouTubeをはじめました。ただ、初めは三脚を買うお金すらなくて、公衆電話の上に友だちからもらったボロボロのGoProを置いて撮影していたほどです。いまはドローンも使っていますが、機材はやりながら徐々に揃えていきました。撮影も編集もすべて独学の自己流です。

半信半疑ではじめたYouTubeでしたが、やっていくうちに温かいコメントをいただき、それはとても励みになりました。YouTubeをはじめるまで、日本の人たちに世界の話をしても「海外に興味がない」とか、日本の枠から外れていれば「間違ってる」としか言われなかった僕にとって、初めて日本の人から前向きなコメントをもらったときはすごくうれしかったことをいまでも覚えています。閉じこもっていた殻から抜け出せた気分でした。

僕はずっとひとりで旅をしていました。初めは日本人と出会うのを避けている部分もありましたが、旅先で日本人と話す機会はやはり圧倒的に少なかったので、同郷の外国人同士のバックパッカーたちが親しげに情報交換するのをいつもうらやましく眺めていました。

そんな僕にとって、YouTubeでの活動は、日本人同士で世界のあり方や世界観をシェアする楽しみになりました。視聴者とのつながりも、日本をもっと好きにさせてくれる大きな要因になりました。日本で応援してくれる人が増えたことで、母国をすみずみまで見てみたいと考えるようになりました。

それからまたルースと会話を重ねて、ふたりとも一度はやってみたいと思っていた「バンライフ」を、日本でやってみようということになったのです。

バンで日本を回り、それぞれの道へ

ふたたび日本に戻ってきた僕とルースは、運送会社が使っていたワンボックスカーを中古で手に入れて、それで日本一周を目指すことにしました。お金もなかったのでDIYでキャンピングカーに改造しました。

キャンピングカーができるまでは実家を拠点にしていましたが、最初にキャンピングカーをつくるという話をしたときも、家族や友だちからは「絶対に無理や」という反応でした。日本ではなにか新しいことをはじめようとすると、まず否定されることが多い印象があります。

新しい挑戦を思いとどまらせようとするのは、失敗してほしくないという親心からくるものかもしれませんが、海外はぜんぜん違います。

10年以上世界各国で生活した経験上ですが、新しいことに挑戦する際、海外では周囲はまず前向きにとらえて、あと押しをする言葉をかけてくれます。リスクについては、やりながら解決策を見つけたらいいという考え方です。

一方、僕の日本での生活においては、まずリスクや失敗したときの話が初めに入ってきます。やはり、新しい挑戦に対しては、前向きにとらえてあと押しの言葉がある方がやりやすいと個人的に感じています。

僕は日本では「できて当たり前」と思われていて、褒められることがあまりなかったのですが、海外では小さなことでも全力で褒めてくれます。それが継続の力にもなり、挑戦することが楽しくなるのです。僕は褒められることに慣れてなかったので、海外で初めてそんな風に褒められて、どのような返答をしていいか戸惑ったこともありました。

向こうの人は、そうやって人をのせるのがとても上手です。新しいことや新しいアイディアを、「それめっちゃいいやん」と全力であと押ししてくれます。僕は、新しいものは、そういう土壌から生まれてくるんだと思います。

旅の手段にキャンピングカーを選んだのは、仕事をしながらもより自然に近いところで生活でき、宿に泊まるのに比べれば時間も場所も制限されずに旅ができるからです。キャンピングカーで旅をしてYouTubeでシェアすることによって、いままでとは違う目線から日本を見ることができ、それまで知らなかった母国の魅力を知ることができました。大嫌いだった母国が誇らしく、大好きな国に変わって海外で自慢できるようになったのです。

旅は新型コロナウイルス感染症の影響もあって思いのほか長期にわたりました。そのおかげでずっとやってみたいと思っていたバンライフ、そして夢でもあったバスキャンピングカーの制作もできました。

そんな忘れることのできない素晴らしい時間と経験の後、次なる流れが僕たちに迫ってきたのです。

バンライフを継続しているなか、コロナの影響で自由がきかなかったふたりに新たな道が生まれました。ルースはスコットランドをもっと知りたいということ、そして僕は世界を旅してシェアするということ。

バンライフ中、時間はたくさんあったので、ふたりで何か月もかけて話し合い、お互い違う道ではありましたが、自分たちのしたいことに身をまかせ、そしてまたふたりが引き寄せられるときが来るだろうと考え、お互い自分たちの道に進むことを決断したのです。

彼女との出会いは僕にとってとても大きなものでした。おじいが亡くなったときに出会って、気持ちが落ちているときに引き上げてくれました。そして日本に帰る手助けとなり、日本を好きにさせてくれました。僕の人生を大きく変えてくれた人です。

こうして別々の道を歩きはじめましたが、ルー

スとはいまもコンタクトを取っています。ふたりともいまも旅をしていますし、お互いYouTuberなので、その苦労や悩みも共有しています。いまもなお、かけがえのない同志として、僕の最も大切な人のひとりです。

こうして僕は、本格的にYouTuberとして世界を旅することになりました。次のCHAPTERでは、僕が旅を通じて感じたことを綴っていきます。もちろん、感じたことをみなさんに押しつけるつもりはありません。

──僕はこう思いました。あなたはどう思いますか？

文章は時系列ではありません。興味を感じたところを好きな順番で読んでください。同じページを繰り返し読んでもいいし、読み飛ばすページがあっても構いません。本の読み方もFREEDOMです。

BAPPA-SHOTA
EVERYTHING IS GONNA

CHAPTER

世界を旅してわかった幸せに生きるために大切なこと

あなたの「きれい」「汚い」はなんですか？

バングラデシュで、「死亡率40倍の世界一汚染された国の現状がとてつもなかった」という動画をつくりました。

バングラデシュは中国に次ぐ世界第2位のアパレル輸出国です。洋服や革製品を世界中に輸出しているおかげで経済は成長していますが、一方で深刻な環境汚染が問題になっていて、「世界一汚染された国」とも呼ばれています。

首都ダッカの旧市街・オールドダッカを歩きました。空気が汚いのは街を歩けばすぐに実感できます。ホコリっぽくて景色が濁って見えるほどで、インドでもびっくりしましたが、それ以上でした。空気が泥臭く感じられるし、すぐに喉が痛くなります。かれたような咳が出て、耐えきれずにマスクを買いました。

環境問題の専門家に話を聞いたところ、大気汚染物質のPM2・5の量は安全レベルのなんと約40倍。生活するだけで、1日に15本のタバコを吸うのと同じくらいだそうです。どのくらい空気が汚いのか、機械を使ってたしかめてみました。マンションの14階で空気・大気の質を示す指標であるAQI（Air Quality Index）を計測すると172という数値が出ました。6段階のうちの悪い方から3番目にあたる「有害」な数値です。ちなみに「安全」とされるのは0～50です。

訪れたのは4月で、この時期は風があるので空気環境は比較的いい時期だと言います。冬場はもっと悪く、同じ場所で測ってAQIが500まで上がることもあるそうです。301～500は最も悪い数値で、風の影響を受けにくい地上はさらに悪くなるのです。

大気汚染の大きな原因は、バングラデシュの主な建築資材であるレンガだと言われています。レンガを焼くためには大量の石炭を燃やしますが、バングラデシュには約8000のレンガ窯があり、日々大量の煙を排出しています。車も原因のひとつです。街なかにはディーゼル車があふれていますが、燃料の軽油は硫黄分が多い高硫黄軽油で、これもPM

2・5を増加させます。汚れた空気は心臓病をはじめさまざまな病気の原因になり、寿命は5年から7年短くなると言われ、毎年12万人もの人が大気汚染の影響で亡くなっているそうです。

空気が汚いだけでなく、街にはゴミもあふれていました。道端はゴミの山だらけですが、だれも気にしません。収集業者はいるそうですが、一度収集した後にお金になるものとならないものを分別して、お金にならないものはふたたびその辺に捨ててしまうそうです。市中には生ゴミが腐ったような、とんでもない臭いが立ち込めています。臭いは、マスクをつけても防ぐことができませんでした。

大気汚染やゴミの問題が改善されないのは、生きていくのに精一杯でそこに取り組む余裕がないという一面もあると思います。しかしそれとは別に、彼らの「きれい」と「汚い」の感覚が、自分とは違うことに気づきました。

最初にそれを感じたのは、買い物に行ったマーケットでした。置かれている肉や魚には大量のハエがたかっていましたが、彼らはまるで気にせずに買っています。

案内してくれたのは海外での経験も豊富な人でした。先進国の清潔なスーパーマーケットもよく知る彼は、怪訝そうな僕を見て、「僕らは、まっすぐなキュウリよりも曲がった虫食いのキュウリの方がいいと思っている。その方がナチュラルだから」と言いました。

ケミカルにまみれているかもしれない、どのような背景でつくられたかもわからない、消毒されてパッケージされた「きれい」なものよりも、ハエがたかっていても、だれがどのように育てたのかがわかる商品を選びたいと言います。

僕たちが思う形がきれいなものよりも、つくられた背景がわかる中身がきれいなものの方に圧倒的に価値を感じているようでした。

そういう価値観の違いは人と接するときの態度にもありました。

日本人は思っていても遠慮して言わなかったりオブラートに包んだりしますが、彼らにとってそれは不誠実なことで、感じたことは妬みや嫉みのようなマイナスなことまで含めて、隠さずにすべてそのまま伝えてきます。初めて対面したときは、「この人、思ったこ

とを全部言ってくるなぁ」と驚きましたが、そうしないと逆に失礼になる文化だと聞かさ
れて、自分もそうするようにしました。
同じようなことをインドでも経験しました。屋台の食べものにはハエがたかり、道には
ゴミが落ち、人々はホコリのなかで暮らしています。日本で育った僕の感覚では「汚い」
という印象しかありません。しかし、彼らはなにも構わないように生活をしています。
彼らと生活して、僕とは「汚い」の優先度の感覚がまったく違うことに気がつきました。
彼らがより汚いことだとするのは、人の妬みや嫉み、家族間で隠しごとをすること、自分
が自分らしくないことでした。

「きれい」や「汚い」は育った環境、生まれた場所や受けた教育によってまったく違いま
す。僕のきれいは彼らの汚い、僕の汚いは彼らのきれい。人によってまったく違う感性。
いままで日本で植えつけられた「当たり前」がぶっ飛んだ瞬間です。
それまで日本での当たり前が判断の基準にあり、そこに重みに感じていた僕にとって肩
の荷がスーッと下りた一瞬でした。

世界には、日本での当たり前がまったく通用しない国がたくさんあります。ひとつの当たり前に縛られるのではなく、その国々の当たり前を尊重した生き方、自分でいることで、現地でのやりとりや見える世界が180度変わるような気がします。

バングラデシュのショウタと日本のショウタは違います。メキシコのショウタとフランスのショウタも違います。それがわかると現地でのやりとりも楽になります。これは意識しているのではなく、長年旅を続けるうちに自然に身についた生活術なのかもしれません。

まったく違う生き方や価値観、伝統、文化、思考、自然をもっと知りたい――。僕の頭のなかには道具箱があって、新しいことを経験すると引き出しの数が増えていくような感じがします。旅を続けると、引き出しの数はどんどん増えていきます。

もしもこの先の人生でなにか困ったことや問題が起きたとしても、旅の経験をしまってあるどこかの引き出しに解決策がきっと入っていると思います。引き出しの数が多いほど、対応できる幅が広がると思っています。

分かち合うことは、助け合うこと

いままで旅先で出会ってふれあってきた人たちは、たとえそれが短い時間だったとしても、強くつながることができたと思っています。

ブラジルへの初めての旅では、オーストラリアで一緒に住んでいたブラジル人の家からはじまり、旅先で仲良くなった人たちの家を転々と渡り歩きました。そこには長い付き合いの友だちもいましたが、その日知り合ったばかりの人の家に泊まらせてもらうこともありました。

旅で出会った人々はなにか特別なつながりをいつも与えてくれます。

ほんの数時間接しただけなのにふと思い出して連絡すると助けてくれたり、約束もしていないのに出会った場所や住んでいる場所とはぜんぜん違う地球の反対側で再会したり。

たとえ長い時間離れていてもなにか頼めば力になってくれるし、僕自身も頼まれればできるだけのことはしてあげるつもりでいます。まったく違う国にいても、どこかでつながっている感じがします。

そういう人間関係は、僕のYouTubeでの活動の大きな支えにもなっています。未知の国に行くときは、まずは友だちに聞いてみます。

「○○に行ってみたいんだけど、だれか知り合いいる？」

英語には、「シェアリング・イズ・ケアリング」という言い回しがあります。直訳すると「分かち合うことは、助け合うこと」という感じでしょうか。僕がバックパッカーとして世界を旅していたときに出会った旅人たちは、そういうマインドで旅をしていました。

貧乏旅行をするバックパッカーの多くは、二段ベッドが並ぶような安宿を転々としています。旅費を切り詰めるなら自炊がいちばんです。スーパーで買ってきた食材で思い思いの食事をつくるのは、旅先でよく見る風景です。

例えばそこに居合わせた5人が材料を持ち寄ってディナーをつくったとします。食事ができ上がって、まさに食べようというそのタイミングに僕が帰ってきたとすると、彼らは「ちょうどご飯ができたから、ショウタも一緒に食べよう」と、5人分の食事しかないのにもかかわらず誘ってくれます。仕事が見つからずにお金がない人がいたときでも、食事だけはみんなで一緒に食べようとシェアするシーンもありました。

そんな、バックパッカーのときに学んだ精神をこれからの人生で主軸にしたいという思いを込めて、僕はYouTubeチャンネルのタイトルを「Bappa Shota」としたのです。

ジャマイカで、ガリガリに痩せたひとりの男性に「お腹が減ったからお金をちょうだい」と乞われました。1000円でいいからと言うので、「(ドラッグを買ったりせずに)ご飯を食べるならいいよ」と、彼に渡しました。

2時間後に偶然再会した彼に「なにを食べたの?」とたずねると、400円くらいの定食を食べたと返ってきました。1000円渡したんだからもっといいものを食べればよかったのにと言うと、彼は「隣に同じようにお腹を空かせた人がいたから、ふたりで食べたんだ」と答えました。

もしも自分がお腹を空かせていたら、他人の空腹なんて考えないのが普通だと思います。1000円あるなら、まず1食食べてお金が余れば次の食事のためにとっておくでしょうし、もしくは少し豪華な食事をするでしょう。

ネットでは、ジャマイカは危ないとか治安が悪いとか、そんな情報が多かったです。でも彼の話を聞いて、こんなに心がきれいな人がいるんだと驚きました。実際に滞在してみると、治安を乱しているのはごく一部の人であって、本当は心の優しい人の方が多いんだと肌で感じます。

過去には奴隷として見下され、長きにわたって虐げられてきた歴史があるからこそ、ジャマイカの人たちは平等であることを大切にするのでしょう。貧しい人ほど格差には敏感で、みんなが手をつないで助け合おうとしている感じがしました。

なにかを手に入れたらシェアするし、困ったときには助けてもらえる。まさに、シェアリング・イズ・ケアリングのお手本のような出来事でした。

自分と対立する人の意見を否定しない

ジャマイカは死ぬまでに一度は行ってみたい国のひとつでした。

きっかけはレゲエミュージックです。オーストラリアで初めてできたブラジルやメキシコの友だちがよくボブ・マーリーを聴いていて、つられて僕も好きになりました。日本では自分自身をさらけ出すことができなかったので、初めての海外は何をするにもチャレンジするしかなく不安だらけでした。そんなとき、軽快なリズムと「すべてうまくいくさ」というポジティブな歌詞にどれほど励まされたことか。気に入った言葉をノートに書き写しては、繰り返し口ずさんでいました。

ジャマイカを訪ねたいちばんの目的は、ボブ・マーリーの曲の歌詞にも込められた「ラスタファライ」がなにかを知ることでした。それがジャマイカの人の生活とどんな風にかかわっているのか、本やネットで知識として頭に入れるのではなく、実際に行って自分の目で見て、肌で感じてみたいと思っていたのです。

ラスタファライは、1930年代にジャマイカの労働者階級の間ではじまった思想運動です。アフリカ回帰運動の「エチオピアニズム」が起源となり、1930年にハイレ・セラシエが黒人で初めてエチオピア皇帝となったことで生まれました。ハイレ・セラシエの洗礼名である「ラス・タファリ」がその名の由来です。

エチオピアニズムは、聖書に登場する古代エチオピア人は黒人で、黒人が人類文明の起源をつくったとする考え方です。アフリカから連れてこられた黒人奴隷の子孫で、長きにわたって虐げられ、不当な扱いを受けてきた多くのジャマイカ人にとって、ラスタファライは希望になりました。

ラスタファライを信奉するラスタマンの望みは、権力やお金、罪悪、西洋文化の世界「バビロン」を脱して、約束の地「ザイオン（アフリカ）」へと還ることです。ですが、当時の英国国王とジャマイカ政府はこの運動を危険視し、指導者たちを次々と逮捕して弾圧しました。

こうして一度は沈静化したラスタファライですが、戦後ジャマイカがイギリスから独立するとふたたび熱を帯びます。思想を広く世界に知らしめたのは、ラスタファライの教えである、肌の色や人種に分別されない「One Love」の思想を楽曲に反映させた「レゲエの神様」ボブ・マーリーでした。

ラスタファライは聖書を聖典としていますが、特定の教祖はおらず、教義も成文化されていません。宗教というよりは思想運動や人生観、生活様式として現在まで続いています。

ジャマイカでは、ブルー・マウンテンでコーヒー農園を営むラスタマンや、ガンジャ（大麻）を栽培するラスタマンを訪ねました。

ブルー・マウンテンではラスタマンの家に泊まり、農園での仕事も見せてもらいました。農園は標高1300mの緑豊かな高地です。ジャマイカといえば海のイメージでしたが、島のなかは緑がとても豊かでした。ちなみに、ジャマイカのラスタカラーの赤は独立のために戦って流した血の色、黄はやがてエチオピアに帰る決意の色、緑はアフリカ、ジャマイカを彩る大自然の色を表しているそうです。

ブルー・マウンテンで採れるコーヒーの70～80％は日本に輸出されると聞いて驚きまし

た。収穫は手作業で行い、土曜日はサバティカルといって完全に休み。旧約聖書の教えに従って、金曜日の18時から土曜日の18時までは仕事はもちろん、火を使うこともせずに過ごします。

「アイタルフード」と呼ばれる彼らの食事もいただきました。ラスタマンは基本的には菜食主義で、肉、卵、ウロコのない魚介類を食べません。魚は30㎝に満たない小魚のみ。アルコールも飲みません。

農園の片隅ではガンジャも栽培されていました。ジャマイカでは各世帯5株までは栽培が許されているそうです。聖書には神聖なる草の記述があり、彼らはそれをガンジャだと解釈しています。瞑想やあらゆる儀式にも使われ、ラスタファライを語るうえでは欠かせないものになっています。

ラスタマンといえば独特の髪型、ドレッドロックスですね。片時もガンジャを手放さないラスタマンに、自慢のドレッドを見せてもらいました。

ドレッドロックスは旧約聖書の、「たとえ髪の毛であっても自らの体に刃物を当ててはいけない」という教義に基づいています。ハーブの天然水でしか洗わず、櫛も入れていない髪の毛は複雑に絡まりあい、房状に固まります。30年間ハサミを入れていないという彼のドレッドは1mもの長さがありました。

ラスタファライの思想に忠実に生きる人たちと数日間をともにして、ハシディック（P154）に似ているなと思いました。アメリカのニューヨークで出会った、ユダヤ教の教義に忠実に生きる人たちです。食べもののこと、休日のこと、髪の毛のこと……旧約聖書の力はすごいなと感じます。

ラスタファライの思想を取り入れる人々のなかにも濃淡があります。教えを厳格に守り、「いつかは故郷のアフリカに帰るんだ」と言う人もいれば、「自分はジャマイカで生まれ育った。大好きなジャマイカが故郷でここを離れるつもりはない」と言う人もいます。人によっていろいろな意見がありましたが、共通していたのは自分と対立する人の意見でも否定せずリスペクトし合うところです。

旅の終わりに、僕はコーヒー農園のラスタマンに、ジャマイカで奴隷制度があった歴史を忘れたくないのか、と聞きました。彼は「絶対に忘れない、忘れられない。自分たちがどこから来たか、いまどこにいるか、どこに行きたいか、それを知っている必要がある。過去を忘れたら、未来にどこへ向かうか決めることができないんだ」と言いました。

続けて、将来どこに向かいたいのか、リベンジしたいのかと聞くと、彼はこう答えました。「リベンジは絶対にしない。我らが王ハイレ・セラシエは絶対にそんなことをしないようにと教えた。過去を許容することで未来が見える。許すけど、忘れることはない」と。

わずかな滞在でしたが、ラスタファライの思想にふれることができ、とても濃密な時間になりました。

挨拶をするように「リスペクト」

ジャマイカ人は、挨拶をとても大事にしています。

海外ではよく、初めて会ったときに握手をします。ハグやほっぺにキスすることもあります。それは親愛の態度や敵意がないことを示す挨拶ではあるものの、だいたいはあっさりしたものです。

それだけの短い瞬間だとしても、相手の手を強く握ったり、しっかり目を合わせたりというコミュニケーションはありますが、ジャマイカ人との握手はもっとずっと濃厚でした。握手した後に親指同士を合わせて押し合ったり、拳を合わせるグータッチをしたり。相手がどんな人でも手を握るだけの簡単なものでは終わらず、その分ほかの国では感じたことがないパワフルなエネルギーを感じたのです。

最初は単純に「長い握手だなぁ」と感じました。しかし、そうやって握手を繰り返し、長い時間を過ごして会話を重ねるうちに、なんとなくその理由がわかってきました。

ジャマイカの人は、「リスペクト」とよく言います。それも、ふだん僕たちが使わないような場面やニュアンスで耳にすることがよくありました。

僕たちは主に尊敬の意味を込めてリスペクトという言葉を使いますが、僕たちが「ありがとう」と言うような場面でも、彼らは挨拶をするように「リスペクト」という言葉をそのまま口にして相手に投げかけます。

初めは違和感がありましたが、彼らの「リスペクト」は、相手を尊敬する気持ちだけでなく、お互いのつながりや信頼関係、感謝や愛情までも含めた言葉なんじゃないかと思うようになりました。

同じ時間を過ごすことで、彼らがものごとの道理や筋、お互いの信頼関係をほかの国の人よりも何倍も重要視しているのではないかと感じました。それは僕が日本で教えられた挨拶や礼儀などの「人として大切なこと」で、例えばサムライの精神に近いのではないでしょうか。だからこそ筋違いのことをしたり、信頼を裏切るようなことをするとたいへんな喧嘩になったり、紛争が起きたりするのかもしれません。

濃厚な挨拶は、「僕はこういう人間ですよ」という気と気のやりとり、信頼関係の構築のような気がしました。そうやって僕は彼らと思いを交換して、きちんと筋を通したから、初めて会った僕のことも受け入れてくれたんだと思います。

この「リスペクト」はいろんな生活の場面で必要な、筋の通った生き方です。これさえ整えていたら、みんなめちゃくちゃいい人ばかりです。友だちも何人もできましたし、街中に住む人はだれでも友だちになれます。動画撮影をする際も、撮ってよいかひとことかけるだけで対応はぜんぜん違います。

All about respect！

この意味がジャマイカに来て理解できました。

相手を見下さずに同じ目線に立つ

ジャマイカといえば、美しいビーチや陽気なレゲエミュージックをイメージする人が多いかもしれません。しかし、世界で最も殺人率が高いと言われる国でもあります。だれもが思い描くパラダイスとはかけ離れた場所が、たしかに存在しています。

ジャマイカでは、ボブ・マーリーが育ったトレンチタウンや、その隣にあるチボリガーデンズも訪ねました。貧しい人たちが暮らすこれらの地域は、ゲットーと呼ばれています。ジャマイカのいわば裏の顔です。

アメリカ司法省は、世界で最も危険なギャングの本拠地がこの地域に存在すると指摘しています。ジャマイカの日本大使館は、キングストンでは場所を問わず毎日のように殺人、強盗、銃撃などの凶悪事件が発生しているため、徒歩ではなく車で移動するよう推奨しています。ゲットーは危険地区なので立ち入らないようにと、日本の外務省のホームページにも書いてありました。

チボリガーデンズには、ギャング「シャワーパシ」の本拠地があると言われています。外出禁止令が出ることも多く、僕が訪ねた日の少し前にも付近で銃撃戦があったそうです。地元の人とのつながりがないとなかなか入れない場所のようですが、僕はこの地域の治安向上に努めている人たちと知り合い、地元の人の暮らしを見せてもらうことができました。

チボリガーデンズもトレンチタウンも、ゲットーでの暮らしは楽ではないように見えます。賃金は安く、ゲットー出身というだけで差別されて仕事に就けないということもあると聞きました。住民は異口同音に政府を批難していたし、ほとんどの人が不満を抱いているようでした。しかし、ネットで書かれているような危険を感じることは一切ありませんでした。トレンチタウンはむしろ居心地がよくて、夜まで長居してしまったほどです。

「海外で危ない思いをしたことはないのか?」と、よく聞かれます。いままでいちばん身の危険を感じたのは、コロンビアで麻薬の売買が公然と行われている場所に行ったときのことです。そこはホームレスや薬物中毒者が多くいる場所で、一緒に行った人は彼らのことを野蛮な人たちと見ていました。つい僕もつられてしまい、「そんな所なんか！　野蛮な奴ばかりやから気をつけないと」という感じで入ってしまったのです。

気がついたときには20人くらいに周りを囲まれていて、カメラを奪い取られました。あきらかにドラッグをやっているような人が僕のバッグを開けようとしたり、ポケットに手を入れてきたりしました。パニックになって追い払い、逃げ出しました。実際には3分程度の出来事だったと思いますが、感覚的には20分くらいでした。揉めている間にだれかに手渡されたのか、いつのまにか手にナイフを握っていて、慌てて捨てました。

話はこれで終わりではなくて、実は後日同じ場所をひとりで訪ねたのです。そのときは事前に、ホームレスや麻薬で苦しんでいる人たちを助けたいと願う人たちに話を聞いてから行きました。彼らは、社会はもちろん家族にまで見捨てられ、心に傷を負って、同じ人間とは認めてもらえず、同じ境遇の人たちが集まる路上に流れ着いた人たちだということを教えられました。その話を聞いて、もう一度ひとりで現地を見てみたいと思ったのです。

トラブルがあったその場所の景色は、前と同じようには見えませんでした。彼らは野蛮なのではなく、心に傷を負った同じ人間なんだと目線を変えてその場に立つと、自分自身でも信じられませんでしたが、僕に対する彼らの目つき、接し方も変わったのです。笑いながら僕に話しかけてくるほどまでに。

スラム街の住人は社会から見捨てられて離脱した人たちで、自分と仲間を守るために、どんな人が来たのかを注意深く見ています。彼らと対面すると、心のなかまで見透かされていると感じさせられます。

僕は同じような場所を何度も訪れていますが、現地の人と対話することによって学び、心の底から対等な一対一の人間、友だちとして接するようになりました。

彼らと接すると、僕たちの世界にはだれかが決めた「理想の人間」像のようなものがあると感じさせられます。それは職種、稼ぎ、地位、によってカテゴリー分けされていて、そこから外れた人は社会から蔑(さげす)まされてしまう世界です。

もともとみんな同じ人間なのに、だれかが決めた理想の人間であることがそこまで重要なのか？　それ以上に人間として大切なものがあるのではないでしょうか。

ジャマイカのゲットーでは、地域間の紛争のような危険なことも実際にありますが、人と人とのコミュニケーションにおいては、こちらのふるまい方次第でいいものを引き寄せられるし、逆に悪いものを迎え入れてしまうこともあると思っています。

さらに言うなら、同じ場所にいて同じものを見ても、人によって感じ方は違います。僕が怖いと思わなかったとしても、あなたは怖いと感じるかもしれません。

メディアが視聴率狙いや記事を売るために、ほんの一部の悪いところだけピックアップして撮ってやろうと狙っていることは彼らにもわかるようです。

僕は動画を撮影するので、「オマエは何を撮りに来たんだ?」とよく聞かれます。そう聞かれたときは、自分の目で見たリアリティが撮りたいと答えます。ネットではこんな風に書かれているけど、僕が実際に見てどう思うのか知りたいんだと言うと、「それなら見ていきなよ」と。そう話して迎え入れてくれなかった所は、これまでひとつもありません。

ネットで情報を得てはいるけれど、「なにも書いていないまっさらの紙を持って入って、そこで自分が見たことを書き込んでいこう」というイメージを持つこと。先入観は持たずに、リスペクトの気持ちを持って——。

幸せのカタチは人それぞれ

フィリピンの首都マニラにあるトンド地区は、東南アジア最大と言われるスラム街です。ここにはかつて、スモーキーマウンテンと呼ばれるゴミ集積所がありました。大量に積み上げられたゴミからメタンガスが発生し、自然発火してつねに煙を上げていたのがその名の由来です。ゴミの廃棄は90年代半ばに禁止され、集積所は閉鎖されましたが、住民の暮らしはいまもゴミとともにあります。

貧困層が暮らすスラムは観光向きの場所ではありません。事前のリサーチでも「トンド地区は危ない」とか「近づかない方がいい」という情報があふれていました。

しかしこれまでの経験上、行ってみたら大丈夫だったというのはよくあることです。ネットやニュースの情報が正確でないことも少なくありません。何事も自分の目で見てたし

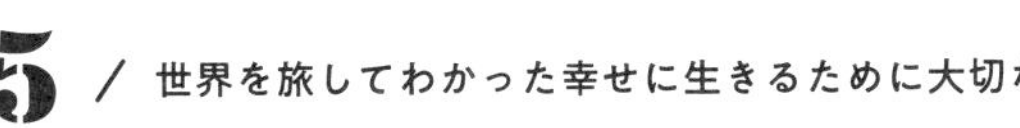

かめることが大事だと思っているので、情報として頭に入れつつも鵜呑みにはしていませんでした。実際に自分の足で歩いたトンド地区はフィリピンのほかの地区とは比べものにならないほどの劣悪な生活環境でした。しかし、危ないとは感じませんでした。

トンド地区のなかでも最も貧しく、危険とされているのがハッピーランドというエリアです。最貧なのにハッピー？　一見平穏なその名前は現地の言葉をもじったものです。もとになったのはタガログ語の「ハピラン」で「捨てる」という意味の言葉です。そのハッピーランドに残飯からつくられる食べものがあると聞いて興味をひかれました。

スモーキーマウンテンがあったころから、ここには「スカベンジャー」と呼ばれる人たちがいます。彼らはゴミを分別し、そのなかから売れるものを集めて生計を立てています。鉄くずやプラスチックだけでなく、ここでは残飯さえも売りものになります。集めた残飯を材料につくる「パグパグ」という食べものがあり、朝昼晩それを食べて暮らしている人がいるというのです。残飯を集めるスカベンジャーと、それを使ってパグパグをつくる料理人に話を聞くことができました。

朝3時。オレンジ色の薄暗い街灯を頼りに大きなゴミ袋を広げるスカベンジャーがいました。ゴミ袋はマクドナルドやジョリビーという現地のファストフード店からもらってきたもので、ゴミのなかから食べ残しのチキンやバーガーを選り分けています。

辺りには耐えられないような悪臭が漂い、おびただしい数の蚊とハエがたかっています。思わず戻しそうになるのをこらえながら、信じられないようなひどい環境で働く人を見て悲しい気持ちになりました。ここに暮らす人は、だれもが一度はこの仕事をしているそうです。ほかに選択肢がなく、生きるために仕方ないのでしょう。

ひと晩かけて集めた残飯は、パグパグの料理人が買い取ります。22時から3時まで5時間かけて集めた残飯が300ペソ（約715円。以下、金額は取材時のレート）になりました。スカベンジャーは過酷な仕事ですが、確実にお金になる仕事でもあります。時間をかければ500ペソ（約1193円）くらいは稼げるといい、これはフィリピンの平均日収（500~700ペソ）と同等です。

スカベンジャーの仕事は非衛生的で安全とはかけ離れていますが、彼らはそのことを知りません。劣悪な環境から抜け出すためには教育が大きな武器になります。フィリピンでは小学校から高校まで無償で通うことができます。しかし、ハッピーランドには小さいころから働かざるをえず、学校に通えない子どもがたくさんいます。根本的な部分が大きく変わらないかぎり、現状を変えるのも難しいのだろうと肌で感じました。

夜が明けて明るくなると料理人が仕事をはじめます。パグパグをつくる工程を見せてもらいました。まずは残飯を水で洗います。3回洗った後に、さらに煮沸します。それから醤油や味の素、ベビーミルクなどで味付けして、炒めたり揚げたりしてでき上がりです。料理人は、もともとは普通の料理をつくっていましたが、ここではパグパグの方が需要があるためこちらに切り替えたと言います。

材料を火にかけるといい匂いが漂ってきました。取材を通して一部始終を見た後にそうなるとは考えてもみませんでしたが、心なしかお腹も減ってきました。恐る恐る「フライドチキン」を味見してみます。二度揚げしているからか水分が抜けてパサパサした感じですが、それ以外は普通の肉と変わらないと思いました。味付けは濃いめ。スプライトが隠し味だそうです。

フィリピン政府は不衛生を理由にパグパグを食べないよう警告していますが、日常的に食べている人は、これで病気になったり死んだりした人はいない、と聞く耳を持ちません。そもそも彼らにはほかの食べものを選ぶ余裕がないのです。

ハッピーランドでの生活は、日本で育った僕にとっては想像することもできない世界でした。これ以下は考えられないような劣悪な環境でしたが、それにもかかわらず、大人も子どももみんなが笑顔で暮らしていました。

「あなたは幸せですか？　もしも変われるならどんな生活がしたいですか？」と尋ねると、話を聞いたすべての人が、このままの生活でいいと答えました。

「ここには家族がいて友人もいる。そして時間もある。お金を持っているからといって幸せとは限らない」

ありえない答えのようですが、ここで1日を過ごした後ではそれほど意外とは思いませんでした。僕は海外に出る前、仕事で成功すること、早く結婚すること、高級車に乗ることなどが幸せだと思っていましたが、ハッピーランドをはじめ、旅で出会った人たちと時間をともにすることで「本当の幸せってなんなんだ？」と考えるようになりました。

幸せのあり方は時期や場所、生活環境や価値観によって変わるものだと思います。幸せはひとつではなく、いろいろなカタチがあった方がいい。いろいろなカタチの幸せを、そのときの自分に合わせて取り入れていくことで、自分が幸せでいられる時間も増えていくように感じています。

あらためてハッピーランドを見渡してみます。ネットの記事では「危ない」「近寄るな」と書かれていた地区ですが、そこにいたのは心の底から笑っている子どもたちや大人たちでした。ほかの地域に移住させられてもまたハッピーランドに戻ってきてしまう住人も多いそうです。幸せのカタチは人それぞれだと、あらためて教えられた思いです。

最悪といわれるスラム街への訪問は、「あなたの幸せはなんですか？」と心に深く問いかけられるような旅になりました。

人と馬との魂のつながり

ウランバートルから車でなんと11時間。座っているだけでむち打ちになりそうな悪路を揺られてモンゴルの遊牧民を訪ねました。

どこまでも続くような大草原に囲まれた湖のほとりに、ぽつんとゲルが立っていました。青空には白い雲が浮かび、草原では羊や馬が草を食んでいます。これこそ、僕が思い描いていたモンゴルの風景です。

ゲルは彼らの移動式住居です。テントのように分解して持ち運び、人の手で簡単に組み立てることができます。今回訪ねた遊牧民の家族は羊、ヤク、ヤギ、馬、牛を放牧していました。

モンゴルの遊牧民は、家畜が草を食べ尽くしてしまわないように年に数回移動します。今回お世話になった家族は、年に6回場所を変えるのだそうです。頻繁に引越しをするため、家財道具は最低限しか持たないミニマムな暮らしでした。電気はなく、たまに太陽光発電をするのみ。調理は150年前から代々使っているストーブでします。水は湖の水を沸騰させてまかなっていました。

この家族を除いて周囲に人の姿は見えません。モンゴルは日本のおよそ4倍の広さがありますが、人口はわずかに40分の1程度です。平均すると1㎢あたりに2人しか人がいないそうで、世界でいちばん人口密度が低い国です。

人口の3分の2は首都のウランバートルに集中していると言われています。モンゴルといえば遊牧民のイメージがありますが、遊牧民の割合はわずか12%ほど。しかも、その数は年々減っているそうです。

遊牧民減少の原因は気候変動でした。モンゴルは雨が少ない国ですが、草原の下に眠る永久凍土があるために貴重な雨水が地表に溜まり、豊かな草原が育ちます。しかし、近年の地球温暖化で永久凍土がとけて、砂漠化が進んでいます。

遊牧民が連れ歩く多くの家畜が大量の草を食べることも、砂漠化に拍車をかけています。

おじゃました家族は、3000頭もの家畜を飼っていました。政府は家畜に税金をかけましたが、遊牧民にとっては痛手です。おかげで若い世代はどんどん遊牧生活から離れて、10年か20年後には、もうモンゴルで遊牧民は見られなくなるという話も聞きました。

僕がモンゴルに来たのは、馬と旅するためでした。これまでキャンピングカーやバイク、ヒッチハイクなどいろいろな手段で旅をしてきましたが、動物との旅は経験がありませんでした。生きているうちにやりたいことを書き出した「バケットリスト」にも、ちゃんと書いておいたんです。

どうやって馬を調達したの?と、多くの視聴者さんから質問をいただきました。

モンゴルの大草原で馬に乗るツアーは、検索すればすぐに見つかります。決まったコースを巡るようなツアーはありますが、僕はセットアップされたツアーには興味が持てず、自由にノープランで馬と放浪したいと思っていました。

そこで、ひとりの知り合いのツテを頼りに、遊牧民ではありませんが、たくさんの馬を所有して観光客相手にビジネスをしている人とつながりました。彼に相談して、彼が個人的に所有する馬を借りられることになりました。

馬に乗るのは10年ぶりでした。前に乗ったのはブラジルで、それもたった一度だけ。1日は練習する予定でしたが、雨に降られて短時間で終わってしまったので、翌日いきなりの本番です。「もし馬を逃しちゃったら30万円ね」と言われて緊張しました。

動画ではいい感じに乗っているように見えるかもしれませんが、馬はなかなか思うようには進んでくれませんでした。

そして事件が起きました。

細い路地を歩いているときになにかに驚いたのか、急に馬が暴れ出して、僕と荷物を振り落として逃げてしまったのです。馬につけていた鞄は破れて荷物はすべて落ちてしまいました。僕はお腹まで蹴られて悶絶しました。

「カムバッーク！」と思わず叫びましたが、馬は言うことを聞かずに全力で走り去ってしまいました。湧き上がってきたのは馬に対する怒りの感情です。「蹴りやがって」「なんで言うことを聞かんのや」「やりやがったな、コイツ」。パニックに陥りかけましたが、罰金のことが頭をよぎって追いかけます。

最初見失ってしまいましたが、しばらく走ると川があり、馬はそこにいました。僕は逃げられたことにも、蹴られたことにもずっと腹を立てていましたが、そういうこちらの気配を察するのか、近寄ると逃げていきます。

背後の川が急流だったせいか馬が川を渡ってしまうことはありませんでしたが、なかなか馬との距離を縮めることができません。捕まえようとして近づくとその分馬は遠ざかり、そのまま2時間くらいはそうしていたと思います。

そうするうちに怒りの感情がおさまってきて、だんだん馬の気持ちを考えられるようになりました。「オマエも怖かったんだな……」。そんな風に気持ちが落ち着いていくにつれて馬との距離が近くなり、なんと最後は馬の方から頭をすり寄せてきたのです。

馬にも相手の気持ちを読み取る力があるのだと気づいて、それから馬はただの乗りものではなく、旅の「相棒」に変わったのです。「オマエ、お腹減ってないか?」「喉渇いてないか？」「この道行きにくそうだからあっち行くか？」と、馬の立場に立って考えるようになって、旅がうまくいくようになりました。

お互いに魂が通じ合うような感覚が生まれて、普通は手綱を使って行きたい方向に向かわせますが、心のなかで右に寄りたいと思うと自然に馬がそちらに行ってくれるような、以心伝心の場面すらありました。

いい感じに撮れているところをうまく編集して動画にしたつもりでしたが、賢明なる視聴者さんはすっかりお見通しで、「たいへんやったろうなぁ、めっちゃ擦り傷がある」なんていうコメントもいただきました。

馬に逃げられたところは撮影できませんでした。急なことだったし、なにしろ必死で、カメラを回している余裕なんかありませんでした。なんとか仲直りできて（罰金も取られず！）、念願の馬との旅をやり遂げられて、本当によかった。めちゃくちゃたいへんでしたが最高の旅になりました。

自分が食べるものを知る

旅先には、未知のものとの出会いが待っています。年月をかけて受け継がれてきた食文化もそのひとつ。見知らぬ土地で、そこに住む人と同じものを食べるのも旅の楽しみです。

モンゴルの1日は、しぼりたての乳でつくったミルクティーではじまりました。その日はモンゴリアンスタイルのＢＢＱをふるまってもらいました。羊とヤギをその場で締めて解体してくれます。彼らは冷蔵庫を持っておらず、残りは干し肉にして保存します。

モンゴルには、「大地を血で染めてはならない」という教えがあるそうです。一滴の血も落とさぬように、喉を切らずに心臓をつかんで息の根を止めて、血がこぼれないように解体を進めていきます。ていねいに剥いだ毛皮はバッグや財布になります。

解体風景を見て残酷だと思う人もいるかもしれませんが、彼らは、どこから来たのかわからない食べものはよくない、と考えていました。

動物を締めて肉を取る場面を初めて見たのは、モロッコ滞在中にあったイスラム教の犠牲祭でした。死を悟った羊の鳴き声や、家のなかに羊をつるしてさばく場面に、初めはものすごく抵抗を感じました。ショッキングな場面を見た直後だったこともあり、出された肉も正直おいしいとは感じられませんでした。

しかし、その後も同じようなことを各地で経験し、本当の食べものとはなにかと考えるようになりました。命をいただく感謝の気持ちはどんどん強くなっていきます。もちろんさばきたての肉の鮮度のよさは段違いです。そうして、いままでスーパーで買って食べていた肉とは比べものにならない、本当のおいしさを感じるようになったのです。

これまでさまざまな国の食文化を体験してきましたが、食といえばイタリアです。世界の食を紹介する「テイストアトラス」による「世界で最も料理がおいしい国・地域ランキング１００」で、イタリアは２０２２年と２０２３年の2年連続で第1位を獲得しました。世界が認めるおいしさとはどんなものか、北のボローニャから南のナポリまで、２０００年以上の歴史を持つ郷土料理を食べ歩きました。

それぞれの街で、食の専門家にとっておきの場所に連れていってもらいました。イタリア料理といえばオリーブオイルのイメージですが、それは南の食文化で、北の方では隣のフランスの影響を受けてバターや生クリームを使う料理が多いのだと教えてもらいました。

地域によって料理の特徴が異なるのは当然ですが、逆に、どこに行っても変わらないことがありました。それは素材を大事にすることです。イタリア料理は素材重視で、そのベースは母親が家族のためにつくる家庭料理です。そして、おいしい料理には採れたてのオーガニックな食材が欠かせません。イタリアは農薬や化学物質の規制がヨーロッパのなかでもとくに厳しく、オーガニック野菜の流通がとても多いそうです。産地はもちろんですが、それに加えて「だれが」「どうやって」つくったかが重視されています。

現地の友だちは言いました。「一度でいいから、自分が食べるものを見に農家に行ってみてほしい。農家の人と握手して、どんな風につくられているのかを見て、それに満足できたなら食べるべきだし、買うべきだ。自分が食べるものを知ることはとても大事だよ」

一方で、正しく安全な食事をするのは簡単ではないと話す人もいます。とくに都市部になるほどコストもかかります。その話を聞いてアメリカを思い出しました。僕が見たアメリカでは、貧困層ほどジャンクフードや冷凍食品を食べていました。時間がないし、お金もないからでしょう。それがよくないとわかっていても、いいものを食べようとすると倍以上のお金がかかります。貧困層ほど肥満に悩まされているのです。

世界を旅する前は漠然とおいしいもの、好きなものを食べてきましたが、世界の食文化を体験して、食べものがショウタという人間をつくるということ、食べものによって人との接し方、気、怒り、ムード、1日の活力すべてが変わるということを知りました。

アフリカで出会った菜食主義のラスタマンの話が僕の心に残っています。

「ライオンやチーターのような肉食動物を見てみろ。彼らは食べているときも争い、独り占めし、奪おうとする。それに対して草食動物は穏やかにみんなでシェアして食べている。僕も肉を食べてしまうと肉食動物のように日々の生活が攻撃的になってしまう。草食動物のように穏やかに日々の生活を送りたいから菜食主義なんだ」

人によって体のつくりが違うし、日々どんな食べものを摂取するかも違います。でも、ベストな日々を送るために、自分は一体どのような食べものを食べているのかを知ることは非常に大切なことなのだと、世界の人々、食文化を知り勉強になりました。

相手が取りやすい球を投げる

視聴者の方によく聞かれるのは、外国人とどうやってコミュニケーションをとっているのか？ということです。

初めてオーストラリアに行ったときのエピソードでもふれましたが、僕の英語はほぼ独学です。最初はまったく話せずマクドナルドで注文するのにも困るほどでしたが、それでも日本語が使えない環境に身を置いたことは大きかったと思います。なんとかして意思を伝えないとなにもできないので、とにかく必死だったことを覚えています。

人によっていろいろなやり方があると思いますが、僕はいつでもどこでも書けるように、小さなノートを1冊ポケットに入れていました。その日の会話で話したいと思ったのに英語が出てこなかったこと、例えば「ここから海までどのくらいかかる？」と聞くことができなければ、帰って調べて次の日に使ってみるということを繰り返しました。

そうしているとだいたい3か月くらいで日常の意思疎通は問題なくできるようになって、1年くらい経つと会話にも困らなくなりました。僕の基本的な英語力は、そのくらいからほとんど変わっていないと思います。

その後スペイン語も同じ方法で覚えましたが、日常で使う言葉はある程度決まっているようにも感じました。自分なりの外国語の習得方法が身についたこともあって、英語よりももっと短い時間で話せるようになりました。


外国語といってもいろいろあります。英語に限っても、アメリカ人が話す英語とイギリス人が話す英語は違います。フランス訛りとかインド訛りのように、母国語の発音に由来する癖のようなものもあります。もちろん、英語が上手な人だけでなく、うまく話せない人もいます。

もっと言えば、人によって外国語を習得する目的も違うと思います。アメリカ人とだけ会話できるようになりたいのか？　テストでよい点数をとりたいのか？　通訳者になりたいのか？　目的によって重要視するものは変わると思います。僕は、全世界のひとりでも多くの人々と対話できる語学力を身につけたいと思っています。

ルースも含めて、世界を旅している英語ネイティブの人は、同じ英語でも相手によって話し方を変えていました。きれいな発音ができるのに、相手に合わせてあえてブロークンな英語を使うこともあります。彼女たちは、言葉は意思を伝えるためのものだから、発音やアクセントよりも相手に合わせて話すことが大事だと言っていました。

野球をやっていた僕は、会話はキャッチボールなんだと思うようになりました。大切なのは相手が取りやすいところに、取りやすい球を投げること。日本人は発音とかアクセントとかを気にしがちですが、どんなに投球フォームがきれいでも、手が届かないところに投げられた球は取れません。取りやすい場所や取りにくい場所も人によって違います。

これまで多くの外国人と会話を重ねてきましたが、この感覚は間違っていないと思います。英語が上手な人もそうでない人も、すごく癖があったり訛っていたりする人も、話をしていくなかでお互いに通じ合える「道」のようなものがたしかに存在していて、それさえ見つかればもう大丈夫です。

僕が語学のテストを受けたら、点数は最悪だと思います。でも、僕はテストで高い点を取ることは求めていません。僕の理想は、ひとりでも多くの人と意思疎通ができる語学力を身に付けることなので、相手によって僕の言葉は自然と変わっています。相手の「投げ方」や「取りやすい場所」が人によってバラバラだからです。

語学力といえば、もうひとつ興味深い話があります。

外国人からは、「日本人の英語はわかりにくい」とよく言われます。コロンビア人の友だちには、「日本人って英語が下手だね」と、はっきり言われてしまいました。彼らに、「アメリカ人の発音やアクセントに無理やり似せようとして自分の声（地声）を殺してしまっているんじゃないか」と指摘されて、なるほどと思いました。

僕は自分の声を大切にしながら英語もスペイン語も話しているつもりです。その方がいい、言葉はみんな違っていていい、と彼らに言われたのがきっかけです。どちらも会話には困りませんが、どちらかと言うとスペイン語の方が自分の声との相性はいいようです。

外国語を話すときは、文法やアクセントも大事なので日本語と同じ感覚ではありませんが、地声を殺さないように話します。テストの点数は低いと思いますが、それ以上に大切なことは、どんな形であれ、目の前にいる人に自分の心を伝えることです。

その方法は言葉だけではありません。雰囲気やジェスチャー、表情、これらすべてを含めて「語学力」だと僕は考えています。外国語がうまい人、下手な人、癖がある人、世界中のいろんな人とつながるには、これらすべてを含めた語学力が重要だと感じています。

僕はこの13年間、数えきれないほどの違った国々の人々と会話をしてきましたが、ほとんどの人がこの語学力を重要視しています。語学に関しても、世界に出てからその価値観が180度変わりました。語学もひとつの道のみが正しいのではなく、個人に合った話し方、聞き方、クセ、コミュニューケーションの取り方があっていいのだと。

そして、自分に合ったその語学力を身につけるには、実践で積極的に話すことができる、コミュニケーションがとれる環境が必要だと個人的に感じます。

みんな違ってみんないい。

「いいもの」と「悪いもの」はセット

インド北部のバラナシは、ガンジス川のほとりにあるヒンドゥー教の聖地です。ガンジス川を流れる水は聖なる水で、ここで沐浴するとすべての罪が洗い流されると言われています。生きているうちにバラナシを訪れるのはヒンドゥー教徒の悲願です。

聖地バラナシは火葬の街で、88か所もの火葬場があるそうです。毎日多くの遺体が運び込まれ、遺体を焼く火は3500年前から燃え続けていると言われています。ヒンドゥー教徒の最大の願いは、最後は灰になってガンジス川に流されること。そうすることでこの世の苦しみから解き放たれると信じています。

このバラナシに、人間の体を食べるアゴリという僧侶がいると知り、会いに行きました。
インドには、ヒンドゥー教の宗教的規範に基づいたカーストという階級制度が根づいている現状があります。子どもや妊婦、一部のカーストに属する人は、亡くなっても火葬されずにそのままガンジス川に流されるのですが、アゴリはそういう人たちを引きあげて食べると言われています。

ネットで見た記事には、カニバリズムだとか黒魔術を使うとかいうものもあって、実際に会ってみるまでは怖い人というイメージしかありませんでした。初めはとても緊張しましたが、話を聞いてみると、それらはだいぶ誇張されたものだとわかりました。

会ってすぐに、お清めのために遺灰を顔に塗られました。遺灰には特別なパワーがあるそうで、「プロテクション」と呼んでいました。彼らはまた、儀式の際に頭蓋骨でお酒を飲みます。そうやって死者とかかわることで神とつながることができると信じています。

話を聞いている間もたくさんの人が来て彼を拝んでいました。アゴリは、ヒンドゥーの神であるシヴァ神のお告げを伝えてくれる存在とされています。「ゴリ」はヒンディー語で「危険・恐れ」。「ア・ゴリ」とは、「危険と反する人々」という意味で、アゴリとはつまり、神と人間の間を取り持つ仲介人であるとのこと。

ともに1日を過ごして、いろいろな話を聞くことができましたが、いちばん心に残ったのは、ものごとはふたつのものから成り立っているという話です。

彼は太鼓を手にして片手で「トン、トン、トン」と単調なリズムを叩きはじめました。「ショウタ、この音は〝男の音〟だ。だが、これだけだとおもしろくないだろう？ だからここに〝女の音〟を加えるんだ」と言って、もう片方の手で細かいリズムを加えながら叩きました。それはとても心地よいハーモニーです。

最初、僕は太鼓の音というものを「ひとつ」だと認識していました。でも、〝男の音〟と〝女の音〟があると知って耳を澄ませた瞬間、いままで「ひとつ」だと思っていた音が「ふたつ」から成り立っているのだとわかりました。

すべてのものごとはふたつのものから成り立っている。彼は太鼓の音を例にして、そのことを僕に教えてくれたのです。

それまで僕は、「いいもの」と「悪いもの」は別のものだという目線しかありませんでした。でもアゴリの話を聞いて、「いいもの」と「悪いもの」のふたつはつねにセットであり、「いいもの」が来ていても同時に「悪いもの」も来ているし、逆に「悪いもの」が来ていても同時に「いいもの」も来ている、と考えるようになりました。

僕にとって、高校時代のつらい経験は「悪いもの」でしかありませんでしたが、同時に成長の種になる「いいもの」も得ていたんだ——。アゴリとの出会いで、そう考えることができるようになったのです。

かつてはがんばって撮影した動画の再生回数が伸びなかったり、いまも思い通りにいかなかったりして落ち込むこともあります。それらはもちろん「悪いもの」ですが、同時に学びを得る「いいもの」でもあると考えています。結局のところ、いい、悪いを決めるのも自分自身なのです。

アゴリはたしかに遺体を食べますが、儀式のときなどに食べるのみで、つねに食べているわけではありません。彼らは、世のなかは陰と陽がバランスをとって成り立っていると考えています。人が「いいもの」を食べるなら、「悪いもの」を食べる人が必要で、自分たちはこの世のバランスをとるために食べているのだと言います。

アゴリと別れてホテルに戻った後も穏やかな気分は続いていました。体のなかから負のエネルギーが消えてしまったかのような、いままで感じたことがない不思議な気分でした。昨日と同じホテルの同じ部屋にいるのに、世界が変わったような、視野が広くなったようなポジティブな気が体に満ちていました。

これまでの旅の経験で、ものごとは見る角度や受け取り方によっていろいろな側面があることには気づいていましたが、アゴリは僕にものごとのとらえ方をはっきりと示してくれ、それは旅を続けるなかで確実に僕のターニングポイントになりました。

世界には根性あるやつがいる

インドの列車は想像の上をいく混み具合でした。「すし詰め」なんていう生やさしいものではなく、体半分を外に出している人や、屋根の上に乗っている人もいます。開け放した窓からビュービューと風が吹き込んでいました。でも、たとえ窓を閉めたいと思っても、車内を移動することはとてもできません。

そんななか、ひとりの男の人が急に動き出しました。無理やり人をかき分けて、文句を言われても、嫌な顔をされてもおかまいなしで前に突き進んでいます。ところがさすがに人が多すぎて、ある場所まで行った時点でぜんぜん進めなくなってしまいました。

ぎゅうぎゅう詰めの車内で動き出した彼を見て、トイレに行こうとしているのかなと思いました。でも、人が多すぎてまったく動けない。通してあげようにも、よける余地すらない混み具合です。このままでは間に合いそうにありません。

彼の仕草や顔つきから、緊急事態であることが離れていても伝わってきました。半端じゃない汗もかいていています。どうするのかと思って見ていましたが、突然方向転換して窓の方に向かいはじめたときは、まさか！と思いました。

必死だったんでしょう。「どけどけ」と言う声が聞こえてきそうな勢いで人をかき分けて、座っている人を押しのけると、窓の外にお尻を突き出しました。衝撃の光景でした。

信じられますか？ 走っている列車の窓から、しかも大きい方を。周りの反応はさまざまで、叩いたり、罵ったりする人もいれば、無関心な人もいました。僕は衝撃を受けて、同時に、いかに自分が小さい人間かとあらためて思いました。世界にはこの状況で用を足すことができる根性あるやつがおるんや……。

僕には彼のようなでっかいハートがないので、なんとかかんとか我慢して、汚い話になりますがパンツのなかで漏らしてしまったかもしれません。みなさんならどうしますか？

自分にとっての「バイブル」とは？

アメリカ・ケンタッキー州に暮らすアーミッシュと、ニューヨークに暮らすハシディックを続けて訪ねました。最先端のテクノロジーによって便利な生活ができるアメリカにおいて、どちらも近代文明を拒んで昔ながらの生活を続けています。それはなぜなのか、僕は興味が湧きました。

アーミッシュはキリスト教プロテスタントの一派で、スイス・ドイツ系の移民です。ヨーロッパでの宗教迫害を逃れるため、17世紀に北米に渡りました。現在、アメリカやカナダに約35万人が暮らしているそうです。電気、テレビ、ネット、電話、車といった近代文明を拒み、21世紀のいまも17世紀と変わらない生活を続けています。

彼らは聖書の教えに忠実に従い、僕たち現代社会の人間には理解しづらい戒律を守りながら、農耕や牧畜を中心とした自給自足の生活を送っています。

アーミッシュの戒律は現代の僕たちの目には不合理に見えますが、そこには彼らなりの合理性があります。これはあくまでもひとつの例ですが、戒律は車での移動を禁じています。それは、自由に簡単に移動できると地域に人がいなくなり、文化が途絶えてしまうという理由からでした。人々は車を持たず、馬と馬車で移動しています。

制約が多い生活は不自由ではないかと思いましたが、必ずしもそうではないようです。「近代文明は生活を快適にしているように見えるけど、むしろ仕事を増やして人間の生活を困難にしている」と話す人すらいました。

平穏な日々は平和をもたらしてくれます。ここでは新型コロナウイルス感染症のパンデミックのときも犠牲者は出ず、何事もなく平常の暮らしを続けていたそうです。

集落の片隅に立って周囲を見渡してみました。そこはなだらかな起伏が続く田園地帯で、大きな家の前ではニワトリが放し飼いされていました。馬車は騒音や排気ガスを出さず、蹄（ひづめ）が地面を蹴る音、車輪が回る音、木々の葉ずれの音や鳥のさえずりが聞こえます。まるで絵本のように美しい世界でした。

アーミッシュの集落を離れて大都会ニューヨークに移動しました。ここにはアメリカ最大のユダヤ人コミュニティがあり、約170万人が暮らしているそうです。そのなかでも、「超正統派（ウルトラオーソドックス）」と呼ばれているのがハシディックという一派です。ユダヤ教のバイブル（聖書）である「トーラー」に忠実に暮らしています。

ハシディックは、約250年前にウクライナではじまりました。それまで各地で迫害を受けてきたユダヤ人が近代化に反発し、伝統に忠実に生きようとはじめた宗派です。トーラーには613もの戒律があるそうです。

ハシディックは、その出で立ちも独特です。男性は黒いスーツに黒い帽子を被り、特徴的な髭（ひげ）ともみあげを垂らしています。トーラーには「もみあげを剃り落としたり、髭の両端を剃ったりしてはならない」と書いてあります。服装は、ほとんどの人が黒か紺を着ていました。ハシディック内には200以上の宗派があって、服装を見ればどの宗派に属しているかわかるのだそうです。

女性の服装も厳格に定められていました。女性は肌の露出を控えます。既婚の女性は、夫以外の男性を誘惑しないように地毛を他人に見せてはいけないという教えがあり、帽子やバンダナ、ウィッグを被って地毛を隠しています。

アーミッシュと同じように、ハシディックにも戒律によって禁じられていることがたくさんあるようでした。しかし、僕たちから見ると不思議に思うようなことでもそこには必ず理由があり、人々は嫌々ではなく、それを理解したうえで守っていました。

男女の役割は厳格に分かれていて、男性は仕事に励み、女性は家で家事をしてそれを支えるのだそうです。女性にはできないことがあって、例えば女性は指導者ラビには絶対になれません。そういう戒律を指して、ハシディックは女性を差別しているととらえる人もいるようです。

それについては男性と女性それぞれに直接尋ねてみました。すると、「男女はこの世界でそれぞれ別の使命を持っている」というのが、男女共通の認識でした。何人かの女性に話を聞くこともできましたが、差別ととらえている人は本当のユダヤ教を知らないからだ、という答えが印象に残りました。彼女たちは一様に「女性差別はない」「男性には男性にしかできないことがあり、女性には女性にしかできないことがある」と話していました。

アーミッシュとハシディックのどちらにも共通していたのが、スマホ、ネット、SNSを厳格に規制していることでした。一部には使っている人もいましたが、仕事などでどうしても必要な場面だけです。彼らは、それらは不要な情報で人を洗脳し、人と人が直接コミュニケーションをとる機会を奪い、独自の文化を損なってしまうと口を揃えて言います。

一時期あえてスマホを持たない生活をしていた僕は、彼らの言うこともわかる気がします。YouTubeの活動はネットに依存しますが、取材のためにネット環境がない場所に行くことも多いですし、いまも1日のなかでもスマホを使わない時間を決めています。

そうすることで自分のなかでもバランスがとれて、自分の周りで起こっている、些細だけど大切なことに気づき感謝できているような気がしています。

ニューヨークでも東京でも、周りを見渡せばほとんどの人がスマホの画面を見ています。ネットの世界につながるスマホが、僕にはまるで「点滴」のように見えてきました。点滴とスマホが違うのは、スマホには悪いものも流れてくるということです。

いまの時代にそのつながりを完全に断つのは簡単ではありませんが、自分なりにバランスのとれた程よい距離感を見つけたいと思います。

彼らとふれあったなかで、もうひとつ感銘を受けたのがバイブルの存在でした。

どん底に落ちると、人は他者に助けを求めます。仕事をなくしたとき、お金をなくしたとき、愛する人を亡くしたとき……そのときアーミッシュやハシディックはバイブルに救いを求めます。バイブルに忠実に生きる彼らを見て、僕は何に助けを求めるのだろう?と考えました。

自問自答して出てきた答えは、やはり旅の経験でした。旅で出会った人々の生活や文化、そこで得た知識や感動。

それらが僕の〝バイブル〟なんだと気づいた旅でした。

お金の奴隷になってはダメだ

アメリカ・カリフォルニア州に、「法律のない街」があると聞きました。そこには警察署のような法執行機関はもちろん、電気やガス、水道、ゴミ収集のような生活インフラさえもないのだと言います。いったいどんな場所なのか、実際に訪ねてみることにしました。

そこはスラブシティと呼ばれ、メキシコとの国境に近い砂漠地帯のど真ん中にあります。アクセスが悪く、ロサンゼルスから車で4時間もかかりました。

アメリカはとにかく広大です。ひとりでレンタカーを運転しながら、アメリカ人がおおらかなのは国土が広いからじゃないか、なんて考えていました。国土の大きさは、その国の人とか文化に少なからず影響を及ぼすような気がします。

スラブシティは、もともとは第二次世界大戦時につくられた海軍基地だったそうです。

戦争が終わって放置されていたところに勝手に人が住み着いたのでしょう。コミューンの名前はコンクリートの板（slab）に由来し、兵舎のコンクリート材がたくさん残っていたことから名づけられたそうです。生活インフラがないのは、政府に認められていないからでした。「法律のない街」と呼ばれる理由がわかりました。

そこに住むのは、元囚人や元犯罪者のような、社会から離脱した人たちという噂を聞いていました。それが本当かどうかはわかりません。

僕が出会ったのは、事故で怪我をして除隊した元軍人でした。しかも、事故の9日後に奥さんが癌で亡くなってしまったそうです。海兵として働いていた自分の時間も、愛する人も、一瞬で亡くしてしまったと彼は言いました。子どもがいなかった彼は、残りの人生はプランを立てずに自由に生きようと決めたそうです。

「思いやりを持って平和に正しく生きているかぎり、どこで生きてもいい」

そうして彼はスラブシティにたどり着いたと言いました。ここに住む人の多くは社会全体に見捨てられた人なんだと、彼は話してくれました。

スラブシティの住人はあまりお金に頼らず、それぞれの得意分野を生かして助け合いながら生活しているようです。例えば、新しい工具が欲しかったら普通は働いてお金を稼ぎ、そのお金で工具を買います。しかし、ここではそうはしません。その工具を持っている人の仕事を手伝って、その代わりに工具を貸してもらいます。相手が欲しいもの（作業の補助）と自分が欲しいもの（工具）が交換できるなら、お金は必要ありません。

「現代社会ではお金が重荷になっている」と彼らは話します。立派な家や高級車、高価なブランド品、そういうものにお金をかけることで、人はどんどんお金に執着するようになってしまいます。家族は5人なのに、どうして何十枚ものお皿が必要なのか？　足は2本しかないのに、どうして何十足もの靴が必要なのか？

「ここには大画面のテレビもなければ冷蔵庫もエアコンもない。その代わり、そういうものがないからこそ生まれる隣人とのつながりがある。テレビがないから会話をする。エアコンがないから川で遊ぶ。俺たちはハッピーだ」。生きていくうえでそれがいちばん大切なんだと彼らは感じています。

一般的に、社会から離脱することは悪いことだと考えられていますが、彼らが話すことはまったくその通りで、僕は何度も深く頷きました。社会から外れた人＝ダメな人という考え方にあらためて疑問を持つようになりました。

お金の奴隷になってはダメだ、必要のないものを手放すんだ、と彼らは言います。どれだけのお金やものが必要かは人それぞれですが、自分のことを振り返ってみると、いまのところうまくバランスがとれていると思っています。旅を続けていると持ちものはどんどんシンプルになっていきます。荷物はスーツケースとバッグがひとつ。持ちものはこれに入るだけと決めています。撮影機材がなければバックパックひとつにおさまります。

人間が生きていくうえで本当に必要なものはそれほど多くはない。それは旅人も知っています。では、何が必要なのか。水や食料に……愛や友情でしょうか。砂漠の真ん中で太陽に焼かれながら、そんなことを考えていました。

自由ってなんだろう？

スラブシティでは大きな学びがありましたが、街の第一印象は必ずしもいいものではありませんでした。到着して辺りを歩いてみても、人っ子ひとり見当たりません。野外には壊れた車が逆さまになって放置されていて、おどろおどろしいイメージです。日中に人がいないのは昼間が暑すぎるからだと後になって知りましたが、最初は不気味でした。

スラブシティは法律がない街だと聞いていました。法律がないということは、何をしてもいい自由な街なんだと思いましたが、その風景を見て、「自由ってなんだろう？」と考えてしまいました。「自由」という言葉にはそれまでポジティブな、いいイメージしかありませんでしたが、だれもがわがままにふるまったらどうなってしまうのか？

人には欲望があって何を求めるかは人それぞれ。求めるものが違えば、争いが生まれることもあります。欲望を制御しなければ、人は破滅に向かってしまうのかもしれません。

この街のショッキングな風景からそんなことを連想してしまいましたが、僕が出会ったスラブシティの住人はみんな人としての愛を持つ、まっとうな人たちでした。

スラブシティにはたしかに法律はありません。住みたいと思えば無料ですぐにでも住むことができます。ただし、だれにも迷惑をかけず、できることは自分でやる。できないことは人に助けてもらいますが、そうしてもらえる関係性は自分で築かなければいけません。

相互の助け合いが必要な場所だからこそ、住人はお互いに敬意を持って暮らしていました。それぞれに得手不得手があり、まるで物々交換のようにそれぞれができることをシェアしながら生活を営んでいました。それまでいた社会で愛情や敬意を受けられなかった分、強いつながりを求め合う人たちが寄り添っているのかもしれません。「ここには警察署も消防署もないけど、よくない行いに対しては〝それは間違っている〟とか〝やめなさい〟と言ってくれる人がいる。そうあるべきなんだ」。住人の言葉が心に響きました。

自由について考えていて、昔出会った旅人との会話を思い出しました。「君にとって旅とはなにか?」と聞かれて、僕は「自由だ」と答えました。当時の僕は、自分の心の思うままに暮らせる旅こそが自由だと思っていたからです。しかし、思うがままに自由だけを追い求めた結果、生活への満足感がなくなりました。

YouTuberとして活動していると、一瞬一瞬を自分の思いのままに生活できないし、動画を待つ人のために眠たくても編集作業をしなくてはいけません。行きたいところがあっても動画をアップしないといけないなど、過去に比べて自由がないような気もします。

でも、自由がある程度縛られることによって芽生える新たなもの——YouTubeを通して芽生える人々とのつながり、撮影で行くからこそ芽生える学びがあります。それは、ある程度自由を切り捨てたことで得られるものです。

自由の縛りはこれからの人生でときと場合によって変わるかもしれません。ただ、これまで不自由であることにネガティブな印象しかありませんでしたが、今回の訪問で不自由も大切なことなんだと学びました。いまは、「不自由であることから生まれる自由」に魅力と価値を感じています。だから、僕にとって不自由はネガティブなことではなく、自分なりの自由と不自由のバランスを大切にしながら生活しています。

ライフスタイルを選べる自由

実際に訪ねてみると、事前に情報収集してイメージしていた世界とぜんぜん違っていたということは少なくありません。実はアメリカもそう思った国のひとつです。3か月かけて回ってみて、その印象はがらりと変わりました。

「治安が悪い」とか「危険だ」という風に、もともと悪いイメージを持っていた国が、訪れてみたら好印象に変わったというのは割とよくあることです。しかし、アメリカと言えば世界の中心で自由の国。そんな「いいイメージ」が逆転するのは珍しいかもしれません。

とくに感じたのはお金の重要性。ひとことで言えば、アメリカはお金があればどうとでもなる国なんだと。逆に、お金がないととてもたいへんそうでした。みんながみんなではありませんが、相手のポジションや財産を気にしている人が多いように感じました。

いいところももちろんたくさんあります。例えば、何をするにせよ多くの選択肢があるところ。アメリカには仕事もせずに車で生活している人や、生活インフラさえない砂漠で暮らしている人もいます。

それらは極端な例かもしれませんが、たとえ社会の枠組みから外れてしまっても居場所があるということです。これが日本なら冷たい目で見られて、世間や社会から簡単にはじき出されてしまうのではないかな、と考えたりもしました。個人が尊重されているところは、思春期に自分らしさを認めてもらえなかった僕にとって魅力的に映りました。

その一方で、自由であるがゆえに逃れられない超競争社会はとてもせわしなく、生き馬の目を抜くような厳しい世界です。成功することはすなわちお金を得ることと認識された社会で、多くの人がそのレースに巻き込まれています。

「それは間違っている、自分はそのレースから降りる」と言う人もいますが、お金がものを言うアメリカのような世界で、そうやって競争から離脱した先に待つのは生きづらさではないかと感じました。結論を言えば、僕はアメリカに住みたいとは思えませんでした。

それならどこに住みたいのかと聞かれれば、その答えはいまだに見つかっていません。逆に残りの人生、ひとつの場所に決める必要があるのか、とも考えてしまいます。世界には子どもを連れて家族で国を転々としながら生活している人もいるし、キャンピングカーでアメリカ大陸を移動して暮らしている家族もいました。どこかに永住するのではなく、自分たちに合ったライフスタイルを選べる自由な世界がいいのかもしれません。

間違いなく言えることは、日本人は自由なライフスタイルを選べるということです。世界には、自由を持っていない人がたくさんいます。先進国の自由は開発途上国の犠牲の上に成り立っているという側面もあります。ほかの国の人たちが、喉から手が出るほどうらやましく思う自由を、じつは日本人はたくさん持っているのです。だからこそ、みなさんも日本人としての自由をフル活用してほしいと思います。

世界中を旅していろいろな国を知れば知るほど、自分が日本人として生まれたことに誇りを感じると同時に、日本という国をつくった先代、政治、そしてすべての日本人の海外でのふるまいに感謝の気持ちしかありません。

まず「ありがたい」と考える

バングラデシュに行ったときに、現地の人にディナーに招かれました。食卓で話題になったのが、新型コロナウイルス感染症のパンデミックのことでした。

バングラデシュもロックダウンで行動が制限されて、かなりの不便を強いられたようでした。たいへんだったよねと、自分もコロナで思うように行動できなかった当時を思い出しながら話しかけると、彼は「これも神様からのおくりものなので」と当たり前のように答えました。それがイスラム教の教えだそうです。

幸せな出来事はもちろんですが、たとえ不幸なことがあったとしても、自分に降りかかることはすべて、神様からの授かりものとしてとらえる。「神様が僕に、僕だけに授けてくれたものなんだ」と。だから、最初の感情は「神様ありがとう」です。不幸なことがあっても、まずは「ありがたい」と感じることができれば、すべてのものごとはポジティブにとらえやすいだろうなぁと、そのとき強く感じました。

どんなにネガティブな出来事でも、「ありがたい」といったん受け入れれば、「まぁ、しようがないか」とポジティブに切り替えやすいのだろうと納得できます。ディナーの席でこの話を聞くまで、バングラデシュの人は、なんでこんなに明るいんだろうと、いつも不思議に思っていたからです。

バングラデシュへの旅の目的は、児童労働も当たり前に行われているという、アパレルの製造現場を見ることでした。入れ替わりの激しいトレンドを取り入れた製品を安価でつくるには、人件費を抑えて大量生産するのが最も手っ取り早い方法です。それを可能にしているのが、この国のスラム街に5000以上あるとも言われる小さな工場と、女性と子どもによる労働力です。

スラム街のアパレル工場は、信じられないほど劣悪な環境でした。そこで働く人々は相当苦しい思いをしているはずですし、もちろんその状況をよしとしている訳でもないと思います。現状を目の当たりにして僕自身も心が締めつけられる思いでした。

しかし、そんな劣悪な環境でも、人々の笑顔にポジティブに生きている一面を感じたのです。お金がないとか、食べるものがないとか、日本で生まれ育った僕からするとキツくて不幸だと思えるような環境でも、彼ら彼女らは懸命に前向きに生きているようでした。これは決して美談として語っているのではありません。

ごはんが食べられることも、きれいな水が飲めることも、毎日お風呂に入れることも、日本ではどれも当たり前です。日々起こる出来事にはとくに気を留めることもなく、ありがたいと思う心も忘れがちです。一方のイスラム教徒は1日に5回神様にお祈りを捧げます。日々のこの習慣があることで、自分に起こるよいことも悪いことも神様が与えてくれる、という教えも受け入れやすくなっているのではないかと感じました。

もし日々起こるよいことも悪いことも、まず感謝して受け入れることができたら、自分の生活はどんな風に変わるだろうと考えさせられた、わずか2時間ほどのディナーでした。

情報はただの情報でしかない

「次は〇〇に行こうと思ってる」

「あそこは危ないからやめとき。治安悪いらしいよ」

ネットに書いてあること、みんなが言っていること、ニュースで見たことが、すべて正しいわけではないと世界を旅してよく感じます。実際に現地に行ってみると、聞いていた話とぜんぜん違っていたということを、これまで何度も体験しました。


初めてそれに気づいたのはブラジルでした。

ブラジルに行くのだと話すと、僕の家族や周りの人たちから、「あそこはヤバい」とか、「危ないから絶対に行ったらあかん」と言われました。でもそれは、僕がオーストラリアでルームシェアをしたブラジル人から聞いたこととは真逆のような情報でした。

実際に行ってみると怖い思いもヤバいことも、ひとつもありませんでした。ブラジルは、それまで行った国のなかで最もフレンドリーで親切な人々がいる国のひとつでした。

危ないと忠告をくれた人が何を見ていたのかはわかりませんが、ひとつの事件や、ごく一部の悪いニュースが全体の印象を決める「看板」のようになってしまっているケースが多いのではないでしょうか。日本人に限ったことではないかもしれませんが、そういう情報を鵜呑みにしてしまいがちだと思います。

また、同じ情報を見て、同じ場所に行ったとしても人によって感じ方はぜんぜん違います。事実と違う情報が流れることは海外でもよくあることですが、僕が世界を旅して出会った外国人は、ひとつの情報としてそれを受け取って、話を聞いただけでそれが正解かどうかの判断はしません。「そういう情報もあるけど、実際に行ってみないとわからないよね」と言う人が多いと感じています。

動画をつくるときは入念に下調べを行います。主にネットを使って、日本語のサイトだけでなく外国語のサイトもチェックします。偏った立場でなく、反対の意見も見るようにしていますが、多くの情報が北米やヨーロッパなどの西側諸国の視点に偏っているんじゃないかと感じることがあります。

例えばジャマイカは危ないところと書かれることが多いのですが、なぜそうなったのかはあまり書かれていません。白人に搾取され、差別された歴史的背景にはふれられておらず、まるでそんなことはなかったかのようです。いまもなお、西側諸国に住む権力者に土地を奪われ、地元のジャマイカ人は公共のビーチに入れないといった現状もあります。

これはうがった見方かもしれませんが、都合が悪い事実は隠し、「危ない国だ」という情報だけを流して、自分たちが優位に立てるように誘導しているようにさえ思えます。ジャマイカもベネズエラもキューバもアフガニスタンも、事前情報はよくありませんでしたが、西側とは価値観が大きく違うそういう国の方が、実際に行ってみると印象はがらりと変わることが多いと感じます。

情報はただの情報であって、そこには正解も不正解もないと思っています。

アフガニスタンに行くときに、ネットの情報のみを信じてテロ国家だと思って国へ入るのと、先入観を持たず自分の目でリアリティを見てみたいと思って国へ入るのとでは、入ってくる情報も感じ方もぜんぜん違うと思います。そういう意味でも、情報はひとつに絞るべきじゃないと僕は考えています。

僕は僕の目線で見た世界をみなさんにシェアしたいと思っています。でも、いつも言っていることですが、僕の動画を信じないでください。ほかのだれかが僕と同じとき、同じ場所に立ったとしても、感じ方は同じではないはずです。

動画を見てどう感じるかはみなさんの自由です。みなさんがどう思って何を選択するのか、それもみなさんの自由だと思っています。

JAMAICA

ジャマイカ

KINGDOM OF BHUTAN

ブータン

ISLAMIC REPUBLIC OF AFGHANISTAN
アフガニスタン

BOLIVARIAN REPUBLIC OF VENEZUELA
ベネズエラ

REPUBLIC OF CUBA

キューバ

ITALIAN REPUBLIC
イタリア

SOCI
EPUBLIC OF
VIET
ベトナム

KINGDOM OF MOROCCO
モロッコ

MONGOLIA
モンゴル

MALAYSIA
マレーシア

KINGDOM OF THAILAND
タイ

KINGDOM OF SPAIN
スペイン

REPUBLIC OF
INDONESIA
インドネシア

REPUBLIC OF COLOMBIA
コロンビア

REPUBLIC OF COSTA RICA
コスタリカ

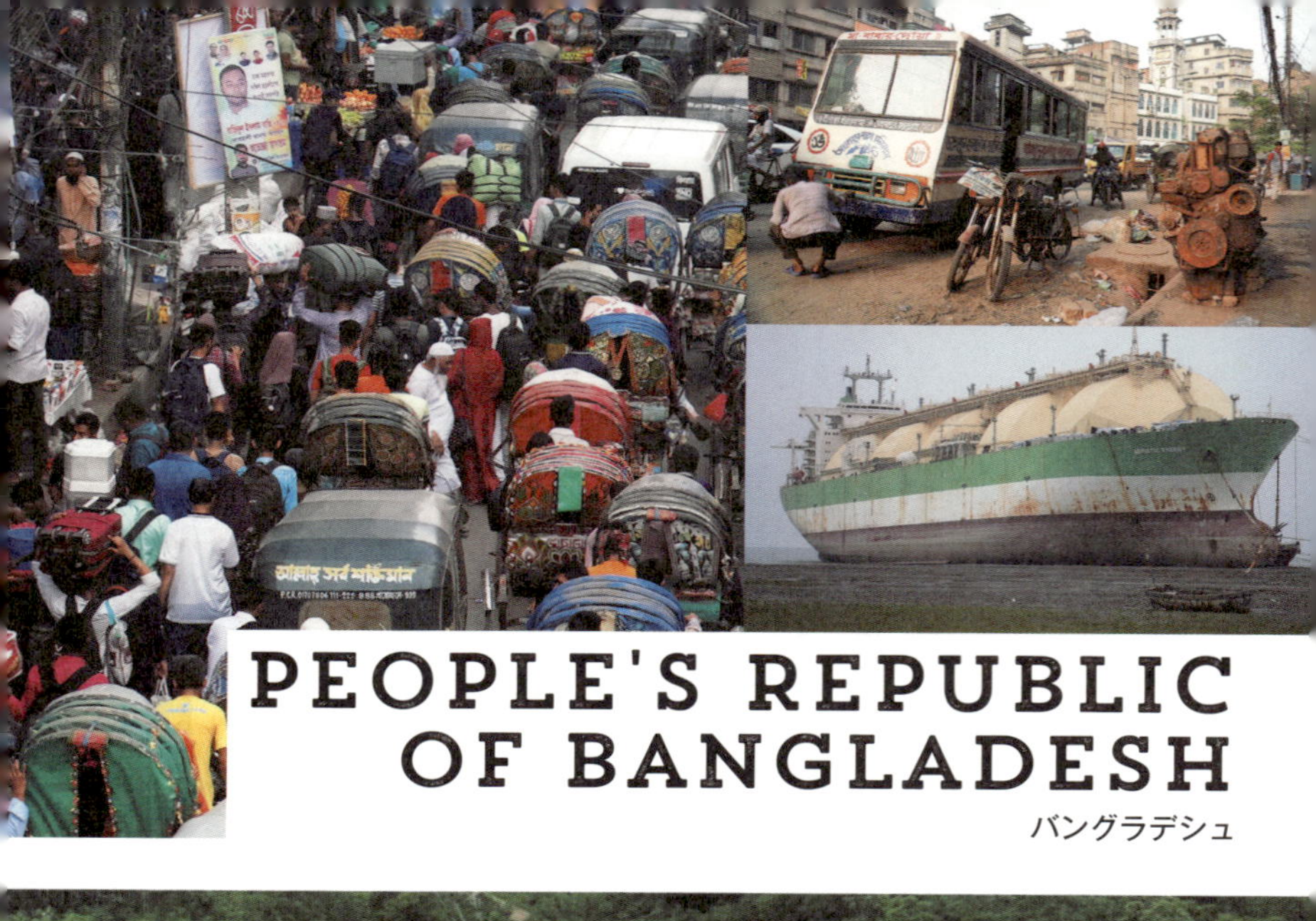

PEOPLE'S REPUBLIC OF BANGLADESH

バングラデシュ

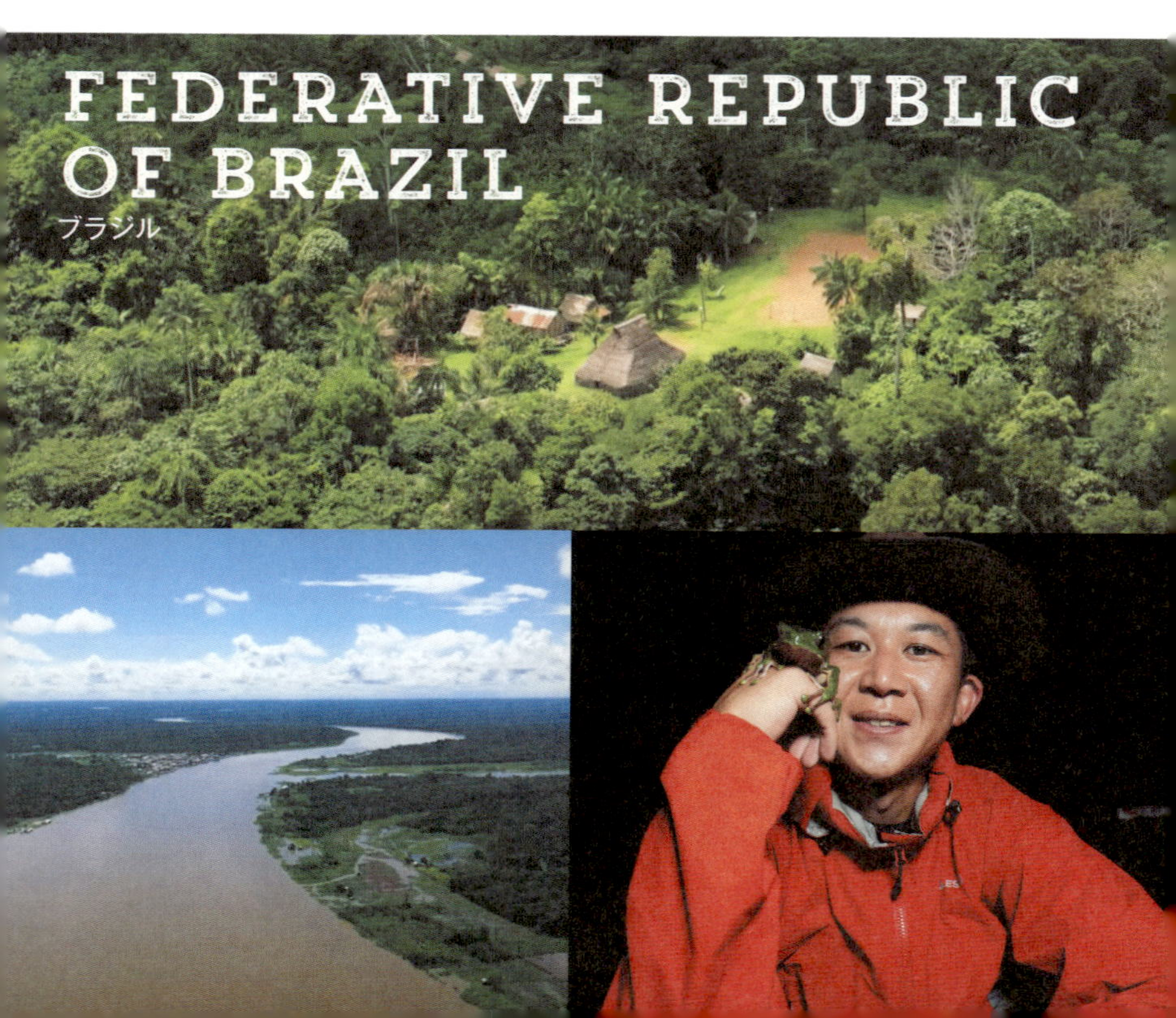

FEDERATIVE REPUBLIC OF BRAZIL

ブラジル

NEW ZEALAND
ニュージーランド

AUSTRALIA
オーストラリア

REPUBLIC OF THE PHILIPPINES

フィリピン

REPUBLIC OF SINGAPORE

シンガポール

UNITED MEXICAN STATES
メキシコ

UNITED STATES OF AMERICA
アメリカ

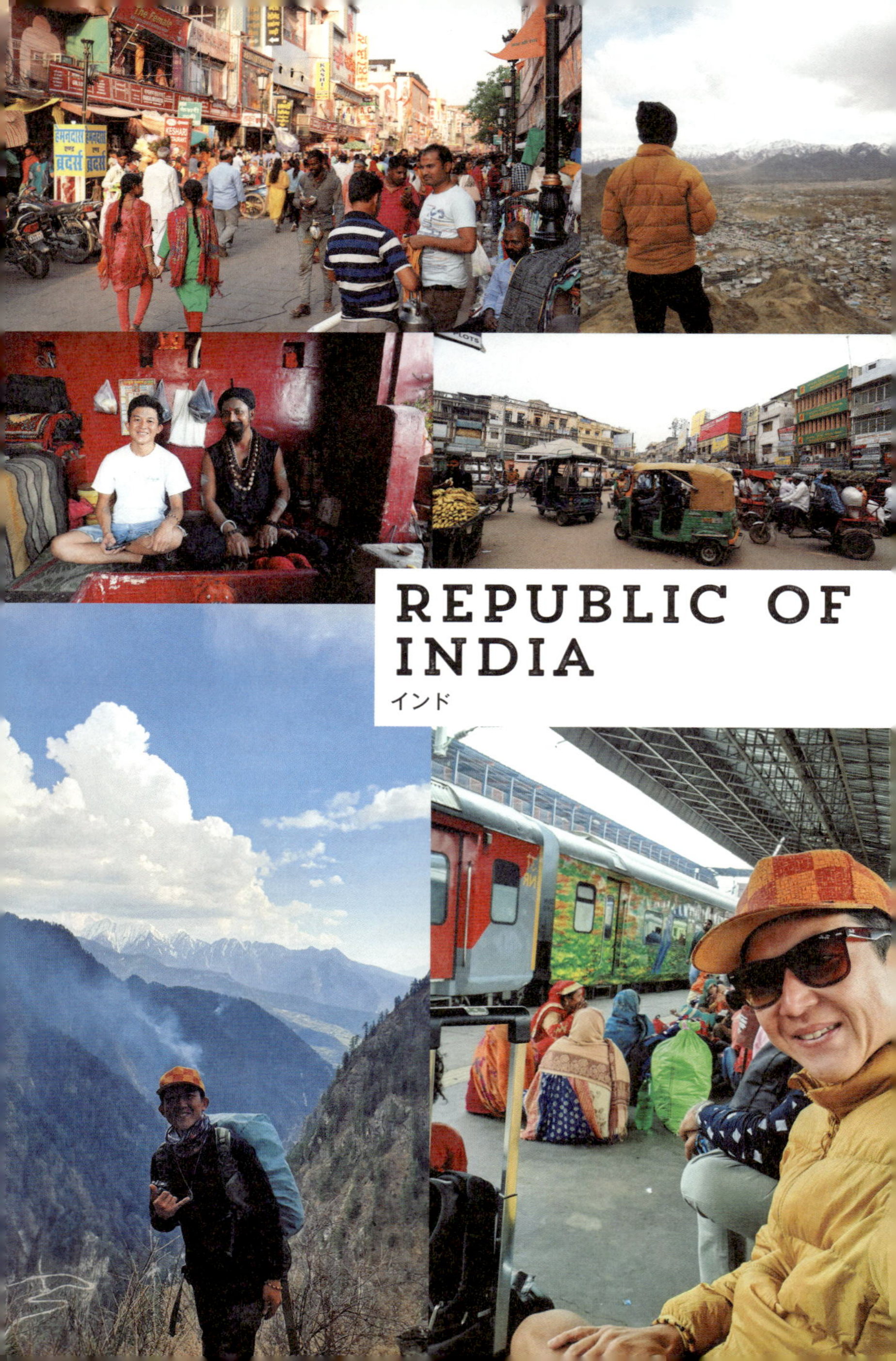

REPUBLIC OF INDIA

インド

ISLAMIC REPUBLIC
OF MAURITANIA
モーリタニア

SCOTLAND
スコットランド

IRELAND
アイルランド

JAPAN
日本
倶知安
BAPPA-SHOTA

差別と感じることは少なくなった

アジア人は海外で差別されることが多いんじゃないかと心配してくれる人もいますが、僕自身は差別されていると感じることはあまりありません。正確に言うと、以前はそう感じたこともありましたが、旅を続けるうちに気にならなくなりました。

海外の、とくにアジアをよく知らない人たちの間では、アジア人＝中国人と認識されることがほとんどです。こちらを向いて人差し指で目尻を吊り上げたりするのはよくあることです。

初めてオーストラリアでそれを体験したときは、「これって差別じゃないの」と怒りや悲しみを感じることもありました。一部に揶揄するような人がいることはたしかです。でも、長年の経験ですべてがそうではないと思うようになりました。

アジア人を見て中国人ととらえる感覚は、海外をよく知らない日本人がヨーロッパの人を見て「白人」と言うのと似ているのかもしれません。イギリス人とスペイン人は違うし、フランス人とイギリス人も違います。でも、知らないからすべてまとめて「白人」と呼んでしまう。僕たちが彼らのことすべてを知らないのと同じように、悪気はなく、ただ知らないだけという人も大勢います。

世界を回っている旅人のなかには、日本とアジアのほかの国がまったく別の国であることも、ぜんぜん気質が違うこともよく知っている人がたくさんいます。そういう人たちは日本人を見て中国人とは言いません。僕自身も、世界には小さな国がたくさんあることを知ったいまでは、「白人」とか「黒人」とかまとめて呼ぶことはしたくないと思うようになりました。

国によって「常識」も異なります。例えば、日本では電車のなかでだれかと目が合った瞬間にパッと目をそらしますよね。日本ではそれが普通だと思いますが、海外のある国では目が合ったらそのままずっと見つめるっていうのが普通の場合があるんです。そういう国に初めて行くと、「私がアジア人だからジロジロ見られている」と差別されていると感じる人もいるんじゃないかと思うんです。

でも、単にそういう国もあるんだな、と知ることで解決するんじゃないでしょうか。目を見たらパッとそらす国もあるし、目をずっと見るのが常識の国もあると。

もうひとつ、これはそのときのノリや空気感もあるので言葉にすると誤解を招きそうですが、コミュニケーションのひとつの手段として、聞く人によっては差別と感じるような言葉を当たり前のように使う人たちもいます。

メキシコ人などのラテン系の人たちは、身体的な特徴を平気で口にします。例えば、日本で「○○さん、手伝ってもらえますか?」という場面でも、メキシコなら初めて会った人に対しても「おい太っちょ、手伝って」なんて声をかけるのは日常茶飯事です。それは「からかい」でもなく、彼らなりの親近感なのです。

長年メキシコ人と付き合ってきたのでわかりますが、そこに悪気はありません。初めての人はびっくりしてしまってとても理解できないと思いますが、乱暴に聞こえる言葉づかいの底には親しみの気持ちがあります。そういう価値観が社会で受け入れられているから、だれとでもすぐに打ち解けて友だちになれるんだろうと思ったりもします。

この世界にいろんな差別があるのは事実ですし、差別を肯定するつもりもありません。でも、旅をすればするほど、世界の人を知れば知るほど、差別されているという感覚は、僕のなかではどんどん薄れていきました。

差別的に聞こえたり見えたりする言動の多くは無知からくるもので、話をしてみると「知らなかった」「そんなつもりはなかった」というのも、よくあることです。

旅をはじめたころは中国人と思われることが、日本人として見てもらえず、アジア全体でまとめられている感じがしてすごく嫌でした。そのことを伝えると謝ってくれて、それから同じ発言をしなくなった友だちもいます。そうやって世界中の人がお互いのことを「知る」ことで、差別と感じることはかなり少なくなるのではないかと僕は思います。

信仰は人生のガイドライン

世界を旅するなかで、いろんな人に「宗教はなに？」と聞かれると、僕はいつも無宗教と答えていました。

アーミッシュとハシディック、さらにアフガニスタンの人々を訪ねたことで、宗教とはなにかをよく考えるようになりました。それぞれが自分たちの宗教の教義に厳格に生きていますが、信仰は彼らの生活のなかに、ごく自然に溶け込んでいるように見えます。

車を使わないとか、インターネットを使わないとか、1日に5回もお祈りをすると聞けば驚きますが、戒律にはきちんと理由があって、子どものころから当たり前のようにそういう生活をしていれば、それがむしろ普通のことになると思います。強制と感じているわけではないのです。

自分自身を振り返ってみると、お正月に初詣に出かけたり、お盆にお墓参りに行ったりするのは特別なことではありません。日本人ほど信仰心の強い国民はいないと言う外国人もいるくらいで、日本人の生活のなかにも宗教的な行事はたくさんあることに気づきました。ヨーロッパであればクリスマスもそうですが、宗教は知らず知らずの間に生活のなかに入り込んでいて、僕も無宗教と言いながら、宗教的な生活をしていたとも言えます。

バングラデシュでイスラム教の人、インドでヒンドゥー教の人、アメリカでアーミッシュやハシディック、世界各地でいろいろな宗教を信仰している人と出会って感じましたが、彼らの宗教を知ることによって、いままで見えていなかったお国柄というか、人柄が見えてくることがよくあります。宗教が基盤にあって教育がなされ、子どもたちが育っていく。もちろんそれは宗教だけではなく、地理的な要因もあると思いますが。

旅をすることで、宗教は生活のなかに溶け込んだ文化でもある、とものすごく実感します。そういえば、アーミッシュの人たちは「信仰している」とは言いませんでした。話していて感じたのは、どちらかと言うとライフスタイルとか、way of life（＝生き方）という感覚に近いかもしれません。

ハシディックの人たちが「信仰はライフスタイルで、自分の人生のガイドラインだ」と話していたのが印象的でした。

人生のガイドラインって、とても納得できる表現です。なにかがあったときに指標になったり、頼りになったりするものがあるととても心強く安心できます。そういう部分では、アフガニスタンの人たちも変わりはないと思います。

僕のガイドラインはなんだろうと考えてみると、やはり旅によってつくられたものしかありません。いろいろな人と出会って、いろんなことを学んで、自分で実際に体験して得たものが僕のガイドラインです。

思うように移動することができず遠くに行くことが難しかったり、情報が手に入りにくかったりして出会いが限定されるような小さなコミュニティのなかで暮らしていた時代には、自分自身のガイドラインなんてそう簡単にはつくれなかったはずです。そういう環境では、古くから語り継がれたガイドラインとして、信仰は信頼できるものだったでしょう。

テクノロジーが発達したいま、情報は簡単に手に入るし、お金や時間はかかるにせよ、飛行機や船でいろんな国に行って自ら経験したり、たしかめたりできるようになりました。そうやって自分らしい生き方を自分で決められるようになると、人々の信仰心は薄まっていくのかもしれません。貧しい国へ行くほど信仰心が強い人々に多く出会うことも、そういう理由なのかも、と考えたりします。

とはいえ、宗教や信仰心は個人の生活に深く根ざしているもので、先進国や開発途上国に限らず、自分たちが気づかない場所に文化としてあるように感じます。

宗教にはネガティブなイメージを抱いていたこともありますが、そんな風に突き放すのではなく文化のひとつとして、これからも新しい場所を訪ねて、新しい人に出会い考えを深め、自分にとってよりよい生き方になるものは取り入れていきたいと思っています。

なにかをもらったら必ず返す

キューバは社会主義国家のなかでもある程度うまくやっている国というイメージでしたが、現地の人は過酷で悲惨な生活を強いられていました。

がんばって仕事をしても給料はみんな同じ。言論や思想の統制も厳しく、私服警官がつねにどこかで目を光らせているから、滞在中に動画は上げるなと忠告されました。政府を批判した人の姿が見えなくなったとか、闇に葬られたという話もたくさん聞きました。

人々の生活は苦しく、国のサポートは不十分でした。食料は配給制ですが、時間通りに届かず、まったく足りていないし、質も悪いようです。なかには、毎日の食事が配給の1食のみという人もいました。

貧しい人たちが助け合って生活する様子はいろいろな国で見てきましたが、食べることにここまで必死にならなくてはいけない国は初めてでした。国が配給を行うキューバでは、助け合おうとしても、近所のどこにも食べものがありませんでした。

撮影には多くの人が協力してくれました。投稿した動画には、私服警官が監視しているような国でモザイクもなしに一般人を公開するのは危ないんじゃないか、というコメントもいただきましたが、協力してくれた人はみんな、キューバの現状を世界に知ってほしいと言ってくれました。

なかでも印象に残っているのが、大学で看護を学んでいる女性とそのボーイフレンドです。彼女は、昼間は大学に行き、夜は観光客相手に売春行為をしていました。そうして稼いだお金で生活し、両親のサポートもしています。「後悔はしているけれど、いまの私が生きていくためにはこの仕事をするしかない」と話してくれました。お金を貯めて将来はスペインで看護師をしたいのだと、夢を語るときは目を輝かせていました。

生きるためには仕方がないことと、ボーイフレンドも彼女の仕事を受け入れていて、ふたりの姿には胸が締めつけられる思いでした。

別れ際に、暮らしを見せてくれたお礼に、少しでも役に立てればと感謝の気持ちを渡したところ、お返しに腕時計をくれました。いらないと断りましたが、「なにかをもらったら必ず返すのが僕らの文化なのだ」と言われたら受け取らないわけにはいきません。自分たちのことだけでも精一杯のはずなのに、そうやって人を気遣う姿に胸を打たれました。キューバの現状は人々にとってつらいところですが、それでも人は腐ってないなと強く思います。本当にあたたかい魂を持った人たちばかりだと。

この話には後日談があります。彼女たちとはメールでつながっていて、その後もやりとりを続けていました。するとある日、無事スペインに渡ったという知らせが届きました。「サンキュー」を何度も何度も繰り返すメールには、あの彼氏とふたり、指でハートをつくる写真もついていました。

動画ではふれなかった話をもうひとつ。ふたりからもらったボロボロの錆びた腕時計は、スーツケースに入れておいても眠れないほどうるさい音をたてる、とんでもないものでした。それでも忘れられないキューバの旅の思い出で、僕の大切な宝物です。

彼らに合った生き方というだけ

イタリア北部に、現代社会では考えられないような思想を持ち、まるでひとつの国家のように成立しているコミュニティがあると聞きました。

「ダマヌール」というそのコミュニティはアルプスの麓に地下神殿をつくり、独自の憲法、通貨まで用いて、超自然的な思想に基づく生き方をしていると言います。

半信半疑で訪ねた僕は、これまでの人生で最も奇妙な体験をしました。

ダマヌールは、人類の覚醒と地球の調和を実現させたいという願いから生まれたスピリチュアル・コミュニティだそうです。創立者ファルコ・タラッサコと24人の仲間によって、1975年につくられました。

僕は「スピリチュアル」にはいろんなあり方があると思っていて、自分のなかに秘めている、眠っているなにかをとても大事にしている人たちだととらえています。人とのコミュニケーションやナチュラルな生き方を大切にしている人たち、地球や宇宙のエネルギーをすごく大切にしている人たちと言ったらいいのでしょうか。

現在、東京ドーム約100個分という広大な土地を持つダマヌールには、小さなコミュニティがいくつもあります。コミュニティごとに農業、科学研究、アートなどの役割を分担しながら、持続可能な社会体制をつくろうとして活動しています。

何十年もの年月をかけて築き上げた地下の神殿も見せてもらいました。

ダマヌールは1991年までこの神殿を隠していました。それは、当時神殿をつくり上げることを許可する法律がなかったからだといいます。すべてが手作業、重機を使わずに道具は電気ドリルだけでつくられた地下70mにある神殿のなかにある部屋は、それぞれが人間ひとりひとりの内面に存在するものを象徴しているそうです。

神殿に入ると、体のなかが熱くなるような、なにかが湧き上がるような感覚をおぼえました。頭がまったく働かなくなってしまい、説明の言葉がぜんぜん頭に入ってきませんでした。少し時間が経つとちょっと慣れてきて、気持ちが穏やかになってきました。人によってはエネルギーを強く感じすぎて、気分が悪くなることもあるそうです。

いろんな場所を旅してきましたが、こんなにも特別というか、体の奥からなにかが湧き上がってくるような不思議な感覚は初めてでした。

彼らは瞑想によって時空を超越することもできると言います。いわゆるタイムトラベルです。瞑想によって十分にリラックスできれば、意識が体から切り離されるような感覚になると言うのです。正直なところ何を話しているのかまったく理解できませんでしたが、体験させてもらいました。

瞑想をうながすようなゆったりした音楽が流れる部屋でベッドに仰向けになると、ガイドをしてくれる女性がやさしく話しかけてきます。

「ゆっくり呼吸してください……。だんだん体が軽くなって空に浮かんでいきます……」

彼女の声に合わせてイメージを膨らませていると、やがて僕の体は音楽に合わせてゆっくりと宇宙へと浮かび上がり、まるでGoogle Earthで地球を見ているかのような場所に僕はいました。それからふたたびゆっくりと地球に迫り、大気圏を越え、空からゆっくりゆっくりと地上に迫っていくと、どこかわからないジャングルに到着しました。辺りを見渡すと熱帯雨林にある独特な植物と音、いままでに行ったことがあるような世界だとインドネシアかコスタリカに似ていました。

そしてさらに周りを見渡すと、ジャングルの木と木の間にインドネシアのメンタワイ族の集落で見たような一軒の家が遠目に見え、そこにはほぼ全裸の人々が自給自足の超シンプルな生活をしているようでした。男は外で鉈(なた)のようなものを持って庭掃除、女性は自宅にて料理、子どもが走り回ってる光景が見えました。

そこには一家の幸せな姿があり、いまの僕の日常のなかにはない温もりのようなもの、家族の愛のような、そんないいエネルギーを感じました。

わずか20分でしたが、信じられない体験でした。頭の片隅にはタイムトラベルをしているという意識がありましたが、あまりにも心地よく、そこから離れたいとは思いませんでした。いい夢を見ているときに、どこかで夢だとわかっていながら目を覚ましたくないと思う感覚が近いかもしれません。

あれが本当にタイムトラベルだったのかどうか確証はありませんが、まるで自分のなかに入っていって新しいなにかを発見するような体験で、旅と似ていると思いました。世界のいろいろなところを回って、いままで自分のなかになかった感覚や、自分が本当に求めていることなど、ふだんの生活では気づきにくいことが呼び覚まされる感じでした。

ダマヌールをカルト集団だとするネットの記事もありました。動画を見た人にはうまく伝わらなかったかもしれません。「ショウタ、頭おかしくなったんか？　そんなことが起こるわけあるか」と言う人もいると思います。

初めは僕も半信半疑でしたが、実際に自分で体験しました。もちろん、動画はあくまでも僕の目線で、僕が見てきた出来事です。あなたが体験すると、まったく違うことが起きるかもしれません。ダマヌールこそが持続可能な未来社会を実現する唯一のコミュニティだ、などと言うつもりもありません。

ただ、「世間一般」というだれが決めたかもわからない道から少しずれた道、枝分かれした道を行こうとすると、「カルト」などと言われがちなのかなと、現地で感じました。旅をしているといつも考えさせられますが、人間ひとりひとり生き方は多種多様でいいのではないかと。森に行けば、高い木もあれば低い木もあり、まっすぐ伸びる木もあれば斜めに伸びる木もあるように、人間もいろいろな生き方、あり方があっていいんじゃないかなと思います。

彼らのように集団で生活する生き方も、それは間違いではなく、彼らに合った生き方というだけなんだと思います。僕に合っているかどうかは別にして、彼らと出会って学ぶところはたくさんありました。そうして学んだいいところを吸収して、自分なりに生きていきたいと思います。

スピリチュアルなコミュニティになんだか悪いイメージがあるのは否定しませんが、僕はむしろ、自分たちに合った生き方を選んで生きている人たちで、幸福度もより高いんじゃないかと思うことがあります。正しいとか正しくないとかいう話ではなく、彼らの思想やライフスタイルにはものすごくリスペクトの気持ちを持っています。

小さなコミュニティの弱点

小さなコミュニティはいいものだと、ずっと思っていました。互いに信頼しあって助け合うことで幸せを感じたり、苦しい場面を乗り越えたりしている人たちを、いろいろな場所で見てきました。

ところが、メキシコのチアパス州にあるチャムラという村を訪ねて、初めてコミュニティのネガティブな現実を知りました。

メキシコは世界でも有数の肥満大国で、砂糖がたっぷり入った清涼飲料水を世界で最も大量に消費する国と言われています。なかでも南東に位置するチアパス州は、ひとりあたりのソフトドリンクの消費量が他州の5倍と群を抜いて多い地域です。

そのチアパス州で、「コカ・コーラを崇拝する村」と呼ばれているチャムラ村を訪ねました。村人に話を聞くと、1日に500㎖のペットボトルを4~5本飲む人もいるそうです。2歳児にミルク代わりに飲ませることもあると聞いて驚きました。お祭りなどのイベントはもちろん、病気のときにも飲むし、宗教の儀式にまで使われるそうです。

村人たちの間に、ソフトドリンクの飲みすぎが悪いことという認識はまったくないようでした。住民の40%以上が肥満で、35%以上が糖尿病を患い、毎年多くの方が亡くなっているにもかかわらず、「糖尿病の原因は家庭内のトラブルやストレスで、ソフトドリンクではない」とはっきり言う人もいました。

チアパス州は水不足に悩まされている地域ですが、チャムラ村の隣のサン・クリストバル・デ・ラス・カサス市には大きなソフトドリンクメーカーの工場があります。気候変動で雨が少なくなり、森林伐採によって地下水の量も減っていますが、そのメーカーは1日100万ℓ以上の地下水を抽出する権利を持っています。

地域団体や環境団体はそのことが地元の飲料水源を涸らしている要因だと主張し、工場廃止を求めるデモも行われたそうです。

これに対してメーカーとそのパートナー企業は、原因は貧弱なインフラで、政府の投資不足と気候変動が問題だと主張し、責任は一切ないと反論しています。

国の水道局はその事態を知ったうえで、住民とメーカーのどちらが地下水を使用できるかの協議を行い、２０２０年にふたたびメーカーに権利が与えられました。

２０００年から6年間大統領を務めたビセンテ大統領は、過去にはメキシコにあるそのメーカーの社長でした。地下水利用の権利を得られたのも、政治的な理由があるのではとささやかれています。もちろん、僕はその事実をたしかめることはできません。

チャムラ村の生活はコミュニティが中心で、なにか新しいことがコミュニティで受け入れられると、皆がそれに倣（なら）う傾向が強いそうです。メーカーはそのことを知っていたからこそ、チャムラの人々をターゲットにビジネスを展開したのでは、という話も聞きました。

実際にチャムラ村に来てみて、住民の間にものすごく強い結びつきがあるのを感じました。コミュニティはそこに所属する人たちの信頼関係で成り立っていて、規模が小さくなるほどにその結びつきは強くなります。例えばシャーマンのように強い影響力を持つ人が、そういう小さなコミュニティで人々に間違った情報を伝えてしまったとしたら……。
初めてコミュニティの脆さというか、危うい部分を見たと感じる経験でした。

旅人同士でチャムラ村の話をしていたときに、もしかしたら日本もそうなりやすいのではないかと感じました。海外では個人の意見を尊重し、「人は人、自分は自分」と考える人が多い印象ですが、日本人はみんなと同じことをやりたがる、影響力のある人と同じことをやりたがるように感じることがあります。それがよい方向に行くならベストですが。
いまの時代、情報はネットやSNSで簡単に手に入ります。もしも、悪意を持って流された情報をひとりの影響力を持つ人が鵜呑みにして飛びついてしまったらどうなるのか。コミュニティが「汚染」されると言ってもいいかもしれません。

そのコミュニティのことを深く知ろうと思うと、1週間や2週間ではわからないと思います。もっと長く滞在しないと本当の姿は見えてこないでしょう。ただ、小さなコミュニティ内において、人と人との絆が強いというGOODな面が、BADな面にもなりうるという怖さを実感したのです。

美の基準はひとつではない

アフリカ北西部のモーリタニアを訪ねました。国土の90％を砂漠に覆われたこの国では、「女性は太っていればいるほど美しい」と考えられています。

日本では男女ともにスリムな人がよしとされ、メディアではダイエット特集がさかんに組まれます。ところがモーリタニアでは、「どうすれば美しく太れるか」が女性の最大の関心事です。なぜ美しさの基準が異なるのか。実際にたしかめてみることにしました。

モーリタニアの男性に、日本の女性俳優の写真を見せてみると、まったく興味を示してくれませんでした。唯一目を留めてくれたのは、タレントの渡辺直美さん。たしかに彼女も魅力的な女性ですが、彼らの心を射止めたのがたったひとりだったことに驚きました。

彼らは痩せている女性を「貧しそうで美しくない」と見なします。太っている女性は「裕福な家で大切にされている人」で、魅力的に見える条件だそうです。女性の体型は美しさの条件であることはもちろん、育ちや家庭環境のバロメーターになっているのでしょう。

とある家庭で、女性たちの食事風景を見せてもらいました。イスラム教徒の国なので、食事は男女別々です。親は娘たちが小さいうちから大量の食事をとらせます。聞いたところによると、1日の摂取カロリーは1万6000kcalにもおよぶそうです。日本では、成人女性に必要な1日のエネルギー量は1700〜2300kcal程度と言われているので、なんと8倍ほどにあたります。

女の子は幼いころから胃を大きくすることで、太りやすい体をつくります。ラクダやヤギのミルクを10ℓも用意し、飲みきれないときは体罰が与えられます。それほどまでしてなぜ太らせるのか。思わず「かわいそうだと思わない？」と声をかけてしまいました。

するとお母さんから「これは子どもたちの将来のために必要なことだから」と返ってきました。モーリタニアでは、半数近くの女性が18歳までに結婚します。男性のみが外で働く社会では、女性がだれと結婚するかは人生を左右することです。

美しい女性に成長し、幸せな結婚をしてほしいと願うからこそ、親は娘に過食させます。

女の子たちはつらそうでしたが、「将来のため」と納得している子も多いそうです。その姿は、僕たちが「将来のため」に嫌々ながらも勉強していたことと重なるかもしれません。

興味深いことに、モーリタニアの美の基準は男女で大きく異なります。女性は太っているほど魅力的とされる一方で、男性は痩せている方が好まれるのです。筋肉質ではなく「ガリガリに痩せている方が好み」と現地の女性が教えてくれました。痩せているほど、活動的で家庭のためによく働く人だと判断されるとのこと。

ちなみに、異性にモテる条件も日本とはまったく違います。モーリタニアでは離婚した回数が多いほど「経験豊富で頼りになる」と見なされ、モテる条件のひとつです。ただしこれは女性のみ。離婚回数が多い男性は、家庭を守れないダメな男と見なされます。

離婚した女性はパーティを開き、周りは彼女の新しい人生を心から祝福します。「私はまた自由に結婚できますよ」とお披露目するのは、部族間の交流が少なく、孤立しがちなモーリタニアで結婚・出産が部族繁栄につながる歓迎すべきことだからでもあります。離婚は悪いことではなく、男女の関係はとてもオープンなものだと感じました。

離婚した女性はすべての財産を所有する権利があり、家財を売るための「離婚マーケット」も賑わっています。マーケットは女性の収入源になるだけではなく、新たな出会いの場としても機能しているようです。

僕は10代のころ「もっと筋肉を増やしたい、脂肪はいらない」という考えに陥ってしまいました。もしもあのころ、太っているほど美しいという国がこの世界にあることを知っていたら自分はどうしただろうと考えていました。

この国の「太っているほど美しい」という価値観は、いままで自分が持っていたものとは180度違います。ですが、美しくありたいと願う気持ちは痛いほどわかります。

体に負担をかけたとしても、自分の意思で体に害がない範囲ならば、美を追求する時期があってもいいと思います。とはいえ、子どもの意思に反してまで食事を強制する習慣は、見ているだけでもつらいものがありました。

太った人と痩せている人のどちらが美しいか。美しくあるために身を削ることが正しいのかどうか。世界中にたくさんの考え方があります。「どちらが美しいか」なんて、この地球上で決められないんじゃないかと、モーリタニアの旅で考えさせられました。

「またいつでも自由に足を運んでくれ」

アフガニスタンについての情報はごくわずかで、その大半が悪いニュースでした。「欧米諸国に明確な敵意を示す国」「野蛮な恐怖政治が行われている」「ジャーナリストや平和活動家が次々に誘拐・暗殺されている」といった不穏な言葉ばかりです。だからこそ、僕は自分の目でこの国の現実をたしかめたいと思いました。

旅をする国のことはいつも入念に調べますが、アフガニスタンの下調べはものすごく時間がかかりました。この国の歴史はとんでもなく複雑です。さまざまな角度から資料を集めましたが、それもあくまでひとつの意見でしかありません。実際に行ってみるまで、自分がどんな状況になるかわかりませんでした。

これまで訪れた国のなかには、悪い評判が圧倒的に多いところも数多くありました。しかし、そうした国にも少ないながらもいい情報はあります。

ところがアフガニスタンに関しては事前にどれだけ調べてもいい情報が一切見当たらず、いつものように「行ってみないとわからない」とはとても思えませんでした。外務省からは最悪の危険レベルとされるレベル４（退避勧告）が出され、実際に紛争が絶えない地域もある国です。

正直、いままでの旅とは緊張感のレベルが違い、かなり身構えて出かけました。

まずは友だちに案内してもらい、首都カブールやカンダハールを歩きました。敵対勢力のテロ事件がいまもあるので、行く先々で申請や検問があり、厳重に警戒している様子がうかがえましたが、街を歩くと人々はとても親切でした。お茶や食事を何度ごちそうしてもらったか、数えきれないほどです。この国を実効支配するタリバンの人々とともに行動しましたが、危険な目に遭うことは一度もなく、住まいや仕事場を案内してもらいました。

幸運なことに、アフガニスタン北東部のクナル州にあるコレンガル渓谷、通称「死の谷」にも足を踏み入れることができました。かつてのアメリカとの激戦地であり、いまなお紛争が続くこの地での緊張は、最高潮に達していました。

タリバンと敵対する勢力が潜伏しているという話もあり、「通行許可はそのときの治安次第」「何が起こっても責任はとれない」、そんな言葉が重く響きました。車とすれ違うだけでも、背筋が凍るような思いでした。

しかし、ここでも僕の予想は完全に覆されました。事前のアポイントなしに訪れたにもかかわらず、村の人々は驚くほど盛大に歓迎してくれたのです。村中の男性が総出で周辺を案内してくれ、用意された食事も、ここが険しい山間部であることを忘れるほど豪華なもの。さらには家に招き入れ、一晩の宿を提供してくれました。

アフガニスタンの半数近くを占めるパシュトゥーン族や、コレンガルに暮らすパシャイ族には独自の掟があります。それは「どのような訪問者に対しても、見返りを求めずにもてなし、深い敬意を示さなければならない」というものです。この掟に従って、僕は最上級のおもてなしを受けました。

アフガニスタン、とくにコレンガルが特別な場所に感じられたのは、西洋文化の影響をほとんど受けていないからかもしれません。世界の多くの場所で近代化が進み、その土地固有の文化が薄れていくなかで、ここには強い個性が残っていました。

街並みや建物、そして何より人々のなかにある魂のようなものの隅々にまで、アフガニスタンらしさを感じました。地域への誇り、伝統・文化を守ろうという強い意志や愛国心の表れなのかもしれません。

「わざわざ遠い地からご足労をかけて申し訳ない。来てくれて本当にありがとう。これが我々の国で、この山々が我々の生活の一部なんだ」
「ここはムジャーヒディーンの故郷だ。いつでも自由に足を運んでくれていいよ」

別れ際に、村人たちがそう声をかけてくれました。過酷な場所に暮らしながら、地域への誇りと相手への尊敬を持って言葉をかけてくれる。その温かさは、いまでも心に残っています。アフガニスタンの人々の国を愛する心は僕の魂に響くものがありました。

「村の人はよそ者に敵対心を持っている」という情報もあったのですが、それはあくまで敵対する側からの視点ではないのかと感じました。情報はつねに、ある視点からのものであり、実際の姿は自分の目でたしかめなければ見えてきません。僕はだれかの土地にお邪魔するときは、自分の「当たり前」が必ずしも通用しないつもりで出向いています。

相手の文化や価値観をリスペクトし、本来人間が持っている大切な心でつながることができれば、素晴らしい人はどこにでもいます。そういう素晴らしい人の方がこの世界には圧倒的に多いのだと、いろいろな国を訪れて思います。

そんなことを教えてくれたアフガニスタンは、いまのところ僕のいちばん好きな国になりました。

自分の「当たり前」で判断しない

「女性がぜんぜん出てこない」

アフガニスタンの動画には、こんなコメントをたくさんいただきました。これには理由があり、現地では女性にカメラを向けることはNGとされています。風景として映り込んでしまうのは問題ありませんでしたが、女性の姿を撮影することはできませんでした。

12歳以上の女性の就学や就労の制限、女性だけでの外出禁止、スポーツや旅行の禁止。アフガニスタンの女性にはこうした厳格な規律や制限が数多く存在します。このことから、この国は「女性が差別されている」と批判されています。僕も現地に行く前は、女性に自由がない国だと考えていました。

アフガニスタンでは、男性は妻や家族以外の女性にふれることはもちろん、話しかけることや見つめることすらも禁止されています。男女が接する機会がほとんどないと言ってもいいでしょう。でも今回の旅では、友だちの紹介で特別にふたりの現地女性に話を聞くことができました。彼女たちは何度か海外に滞在したのち、故郷が好きで帰ってきたとのことです。

「アフガニスタンの女性は幸せだ」

この言葉は僕にとって驚きでした。例えば、彼女たちは女性が社会に出て働くことを必ずしも「いいこと」とはとらえていませんでした。治安が不安定なので外出も気軽にはできないし、敵対勢力のテロ事件がいまだに続くなか、仕事を見つけることも簡単ではないのがこの国の実状です。「家で寝ていても、夫がお金を稼いできてくれることがどれほどありがたいことか」と感謝の気持ちを語ってくれました。

イスラム教には「女性を大切にしなさい」という教えがあります。男性が懸命に稼いだお金はすべて妻の手に渡り、財産のコントロールは女性にゆだねられます。街では、ブランドものの財布と最新の iPhone を持つ女性と、古びた財布とスマートフォンを持つ男性というカップルを見かけました。

家庭によっては、女性がくつろいでいるすぐ隣で、男性が家事をすることも珍しくありません。部屋の奥で、まるで女王様のようにかしずかれている様子をチラリと目にすることもありました。飛行機やタクシーの順番待ちは、女性が優先されることが常でした。

それらは事前に集めた情報とはあまりに違っていて、驚きを隠せませんでした。取材で出会った女性たちは、いまの生活を自然で幸せなものとして受け入れ、男女がお互いを認め合っているように見えました。現地では、紛争の影響で難民として他国に逃れていた女性や子どもを含めた人々が、アフガニスタンに帰ってきているという話も聞きました。

僕たちは、自分の経験や住んでいる国や社会で身につけた「当たり前」を基に判断しがちです。とくに欧米の価値観を普遍的だと見なし、異なる文化や習慣を「遅れている」とか「間違っている」と決めつけてしまうことが多いと感じています。

ですが、実際にそこで暮らしている人の声に耳を傾けると、自分たちが当たり前だと思っていたこととは違った文化や常識が存在することに気づかされます。

その国の文化や生活習慣は、地形、天候、人種、食べもの、宗教、言語のような環境に適応するために、遠い昔の先祖から受け継いできた、その地で生きて行くための知恵が詰まったものではないでしょうか。

それぞれに違いがある方がナチュラルなことで、それをひとつにしようとほかの国の「当たり前」を押しつけると、いままで積み上げてきたものが失われてしまうのではないだろうか……。アフガニスタンを離れてからフランス人の友だちとそんな話をしていたら、「いろいろな文化が融合していくことが〝進化〟ではないか？」と言われて、なるほどそんな見方もあるのかとも思いました。考えて答えが出る問題ではないかもしれませんが、ついつい考え込んでしまいます。

「なぜ勝手に私たちの国の文化の正しさを決められなければならないの？」と彼女たちは言いました。「〝差別〟と言う人はアフガニスタンの実態を知らないのではないか」とも。彼女たちは幸せなのか？　差別されているのか？　現地でも賛否両論、さまざまな意見があります。イスラム教徒でもなく、アフガニスタンに住んでいるわけでもない僕には、簡単に判断できることではありません。

滞在時間が長くなるほど、この国の女性に対する印象はどんどん変わっていきました。動画をアップした後もさらに考えることがあり、急遽サブチャンネルに「アフガニスタンの女性社会の実態がとんでもなかった」という動画を追加し、考えを語りました。

その動画にもたくさんのコメントをいただきました。夫がいる場で女性が男性（僕）に本音を言えるのか、選択の自由がない状態で大切にしていると言えるのか、女性は男性に逆らえないのではないか。視聴してくれた方々のなかにもいろんな目線があります。

いろんな見方があるなかで、僕は自分の目で幸せそうなアフガニスタンの女性を目にしました。もちろん、すべての女性がそうではないかもしれません。アフガニスタンの女性が本当に幸せなのか、いまの僕には答えは出せません。人によって幸せの価値観が違うなか、一括りに判断するのも難しいのではないかと感じます。これからも世界を見ていくなかで、引き続き考えていきたいと思います。

つねにオープンマインドでいたい

ニュージーランドにいて旅をはじめたころは、行き先について事前に調べることはせず、その場で起きる出来事を楽しんでいました。想像もしていなかったような出会いやハプニングこそが旅の醍醐味だと思っていました。

いまはYouTubeの活動がメインなので、事前にインターネットでかなりの下調べをします。そこでどんなことが起こっているのか知っておかないと質問もできないからです。事前に調べておいたことを、現地に行って自分の目でたしかめる、そういう旅がいまは好きです。時間をかけて深く調べるほど見えてくることや、新しい学びがあります。

また同じことを言っていると思われるかもしれませんが、ものごとは、それを見る角度によっていろいろな見え方をします。「○○は治安が悪い」という記事をネットで見たとしても、僕が同じ場所に立ったらそうは思わないかもしれません。これまでの経験では、ネットに書かれていたことと一緒ということはありませんでした。

実際にこれまで何度もそういう経験をしているので、下調べをしている時点で入ってきた「情報」は、僕にとってはただの情報でしかありません。もちろん「そこは危険な場所だ」と言われていれば、気をつけて行動しますし、できるかぎりの安全対策をしたうえで行くようにしています。

僕は、安全に気をつけながらも、事前に得た情報とは違うリアリティがあるかもしれないというオープンな気持ちでいます。そんな風に両方のマインドを持って現地に行くことで、また新たな世界が見えてくるんだと思います。

事前の情報と現実が180度違うという体験をしたのがアフガニスタンでした。緊張感も高かったので、そのギャップはとても大きかったです。そのときに感じたのは、日常で僕たちがふれている情報が、いかに西側に偏っているかということでした。

数日間をともに過ごしたタリバンは、実際にアメリカ兵と戦った人たちでした。彼らが見せてくれたのは、アメリカ兵が民間人を攻撃している状況や、いまあるガザの問題でした。それは僕がニュースで見ていた情報とは真逆のものでした。
アメリカが正しいのか？　アフガニスタンが正しいのか？　どちらが正しいのか、僕は現場にいたわけではないのでわかりません。どちらの可能性もあるという感覚でとらえています。

実際に足を運んで見た光景、過ごした経験がすべてとも思っていません。僕の友だちが行ったらまったく違う風に感じるかもしれません。僕と違う年、違う日に行くと、彼は僕と出会った人とは違う人と出会うでしょうし、国の情勢も変わっているでしょう。ものごとの感じ方も違うはずで、僕がいいと思っていることも、彼がどんな風に感じるかはわかりません。

旅を続けてきて、大切なのはどちらか一方に偏るのではなく、できるだけいろいろな情報を手に入れてフラットに見ることだと感じています。もちろん情報を吟味して、選択しなければいけないときには選択をします。自信を持って選ぶためにも、偏りのない多くの情報を持つことが重要だと思います。

自分がどちらを選んだか、それをシェアしたりアドバイスしたりすることはあると思いますが、だれかに強要することはありません。右に行くか、左に行くかはその人が自分で決めることです。どちらに進むべきか、その答えは自分のなかにすでにあるはずです。

自分がどちらかを選んだとしても、対向する意見をシャットアウトすることはありません。片方を受け入れるともう一方を否定しがちですが、そうはならないように、つねにオープンマインドでいます。僕が選んだものと反対の意見も「不正解」ではなく、見方を変えると学びの宝庫だからです。

僕は僕なりにできることをする

アフガニスタンと聞けば、中村哲さんのことを思い浮かべる人も多いと思います。中村さんは、1984年に国際協力NGOの医師としてパキスタンのペシャワールに派遣され、その後35年にわたりアフガニスタンで数々の人道支援を行いました。

その支援活動は医療にとどまらず、井戸を掘り、用水路をつくって砂漠を緑化して、水不足や飢餓に苦しむ多くの人を救いました。モスクや「マドラサ」と呼ばれるイスラム神学校も建設しました。その後も新たな用水路の建設に取り組んでいましたが、2019年12月4日に何者かの襲撃に遭い、凶弾に倒れました。

中村さんはその功績によってアフガニスタンの国家勲章を受け、名誉市民権も授与されました。「カカ・ムラト（ナカムラのおじさん）」と呼ばれて多くの人に慕われています。

僕がアフガニスタンを訪れた目的のひとつが中村さんの足跡をたどることでした。現地でどんな風に思われているのか、実際に自分の目と耳でたしかめたいと思っていたのです。

医師として派遣された中村さんが、経験したこともない用水路の建設を決意したのは、子どもたちが苦しむ姿を見たことがきっかけでした。やむをえず泥水を飲んだ多くの子どもたちが、赤痢などの感染症にかかって脱水症状で命を落としていました。

中村さんは、飢えや渇きは薬では治せない、栄養失調や汚い水が原因で病気になっているのなら、まずはそちらを改善せざるをえない、と語っています。「この用水路建設にアフガニスタンの未来がかかっている」と。

中村さんがここまで情熱的に取り組んだのは、相手がアフガニスタンの人たちだったからかもしれないと、現地で僕は感じました。彼らは深い思いやりや愛情を持っていて、一緒に過ごす時間が長くなるほど、その素晴らしい人間性が伝わってきました。そんなアフガニスタンの人たちのことを、中村さんも放ってはおけなかったのではないでしょうか。

干ばつでも涸れなかったクナール川からガンベリ砂漠へ。2010年、7年の歳月をかけて完成した用水路は「マルワリード」と名づけられました。「真珠」を意味する現地の言葉です。用水路のおかげでものすごい規模の畑ができ、小麦やオレンジ、大根がつくられています。この地がかつて砂漠だったとはとても信じられません。ここを訪れる前に難民を訪ねたばかりでしたが、支援の手が届いていない彼らは、日中40℃を超える乾いた大地で、食料はおろか水さえも十分に手に入らない生活を強いられていました。

この用水路がどれほどの人を助けたのか。水の大切さ、水がないことの切実さを肌で感じた直後だっただけに、中村さんが成し遂げたことの大きさには圧倒されるばかりでした。

ジャララバードには「ナカムラパーク」があり、中村さんの功績を讃える記念塔が立っています。街には「ナカムラ・スーパーストア」があり、出会った人に日本から来たと言えば、「ナカムラ！」とその名を口にしました。中村さんはまさしく英雄でした。

現在も紛争が絶えないこの国で、命の危機にさらされながらも中村さんが追い求めた平和について思いを馳せます。中村さんがどれだけのことをして、どれだけの人々を救ってきたのか、どれだけアフガニスタンに光を与えたのか。ひとりの人間、ひとりの日本人として、本当にリスペクトの心でいっぱいです。

現地では、中村さんを殺害したのは、彼がつくった用水路を快く思っていない人たちではないかという話も聞きました。クナール川は、パキスタンからアフガニスタンを通り、ふたたびパキスタンへと流れる川です。国境付近では領土をめぐる問題もあり、治水に関しては複雑な思いを抱く人もいるようです。

ある国が平和で豊かになれば、もしかしたら隣の国はそれを妬むかもしれない。すべての人が平等で平和な世界なんて本当に実現できるのだろうか。僕には答えが出せません。

僕はまだまだ人間ができていないし、中村さんと同じようにはとてもできませんが、それでも僕なりに、人のためにできることをやりたいと考えています。

いま僕にできるのは世界のリアルをシェアすることです。僕自身が世界を知って救われたように、かつての僕と同じ苦しみを持つ人たちのために、これからも旅を続け、世界のリアルをシェアしていきたいと強く思いました。

「Bappa Shota」はそこが主軸であることは間違いありません。

GOOD&BAD, BAD&GOOD

これまでにいろいろな国を訪ねてきました。さまざまな人種、文化や生活習慣、宗教や思想にふれて、自分が当たり前だと思っていたことが、ときや場所によっては、ぜんぜん当たり前ではなくなるということを知りました。

価値観が覆るようなそんな経験を何度も繰り返したことで、この世のなかには正解も不正解もないんじゃないかと思うようになりました。

ある人にとっての正解が、立場や見方が変われば不正解になるというケースを旅のなかでたくさん見てきました。正解と不正解のジャッジは、例えば宗教や生活習慣などを同一にするコミュニティ単位で決まることもあれば、一個人のものの見方によって分かれることもあります。

インドで出会ったアゴリは太鼓を使って、すべてはふたつのものから成り立っていると教えてくれました。GOODの裏にはつねにBADがあります。逆もしかりです。

この世のなかに100%の正解はないと思うようになってから、ある場面でAという立場に立つことがあったとしても、それが正しいと決めつけるのではなく、違ったBという立場があることも尊重しています。

アゴリとの出会いを経て、いまでは両方の立場があることを意識せずとも自然に受け入れることができる自分がいます。これは僕にとって大きな成長でした。

動画を見てくださった視聴者の方から、「メンタル強いですね」とよく言われますが、実は自分ではそう思っていません。だれもが失敗は怖いし、失敗したくない。でもその失敗を失敗ととらえず、自分を育ててくれる「種」としてとらえる習慣をつければ、失敗することに対して積極的になれるような気がします。

例えば、リストラは世間一般的には悪いこと（BAD）ととらえられていますが、仕事がなくなって時間ができたことで新しいことにチャレンジできれば、本当に自分がしたかった仕事ができる（ＧＯＯＤ）ようになるかもしれません。

野球に例えるなら、大事な場面での三振です。それはたしかに失敗ですが、三振したおかげでなにか大切なことに気づき、自分をより成長させることができて次の試合でホームランを打てたのなら、三振はただの失敗ではなく、自分を成長させる種になったととらえることができます。

このように、ＢＡＤととらえがちなことも、目線を変えるとＧＯＯＤを手に入れていることになります。失敗か成功かは、だれかほかの人ではなく自分自身で評価するものだと思っています。

たとえ失敗だったとしてもとらえ方次第で成功に変えることができる、そんな風に考えられるようになって、僕はどんどん新しいことに挑戦できるようになりました。

もちろん、社会で生活するうえで線引きは大事です。人を傷つけることや、人間としてやってはいけないことはあります。しかし、旅を続けていくなかで自分の頭のなかに固定観念として植え付けられたＢＡＤとＧＯＯＤが非常に多いことに気がつきます。

これまでの経験から、ＢＡＤをＧＯＯＤに変えるような新しい目線を得られるのは、「自分が知らない未知の世界との出会い」のような気がします。それは自分とは違った人、文化、伝統、宗教、生活、価値観を生で経験すること。自分との違いに出会う機会が多い旅は、ＧＯＯＤの方に変換する目線を僕に与えてくれるとよく感じます。

そんな、自分自身を成長させてくれる旅が大好きでやめられません。

BAPPA-SHOTA
EVERYTHING IS GONNA BE ALRIGHT

CHAPTER

流れのままに旅をする。

あなたも旅に出て世界を見てほしい

旅のよさは、未知のものとの出会いだと思っています。知らなかったものごとにふれることで、それまでの自分にはなかった新しい目線に気がつきます。

長年旅を続けていますが、本質的な部分はなにも変わっていません。新しい旅をはじめるときにはいつでも、「今度はなにが待っているんだろう」とワクワクしています。

何度も繰り返しますが、僕は旅に救われました。

19歳の僕は、ほかにもたくさんの選択肢があったはずなのに、それに気づかないほど視野が狭く、小さなことにとらわれていました。夢を叶えられなかった自分のことがどうしても好きになれずにいました。

そんな僕に、旅は新しい目線を与えてくれました。視野が広がって、見えていなかったものが見えるようになり、自分のことが好きになれました。

旅に出ることで自分は成長できる。その喜びを、19歳のころからいまも、ずっと追い続けているような気がします。

狭く窮屈だと感じていた日本の外側に、こんなにも多様な世界が広がっていることを知ってほしい。世界を知ることはこんなにも素晴らしく、興味深く、自分を成長させてくれる。そのことをたくさんの人に伝えたい――。

そんな思いでYouTubeをはじめたのですが、おかげさまで多くの方がフォローしてくださり、動画をアップすると即座にたくさんのコメントをいただけるようになりました。

「視野が広がりました」

「考える機会を与えてくれました」

「日本にいながらでも世界を見ることで違う感覚が生まれました」

それはまさに僕が伝えたかったことなので、とてもうれしく思います。反面、この本にも書きましたが、僕の動画や経験を記した文章は僕の目線でしかありません。みなさんが行けばまた違う答えが出るとも思います。

だから僕のいちばんの希望は、あなたが実際に旅に出て世界を見てくれることです。どこに行って、何を見たのか。そのとき感じたこと、考えたことを語り合うことができたら、そしていつか、海外のどんな場所に行っても日本人と出会うことが当たり前になれば、どれほど楽しいでしょうか。

「なるほど、そんな目線もあったんだ」

自分が旅をして新しい目線を手に入れたのと同じように、日本人同士、日本語で旅の話をして、また違う目線にふれられる機会があるといいなと思っています。

それと同時に、旅に出たいと思っているのに、最初の一歩が踏み出せない人の手助けをしたり、日本にいてどうしても外に出られないという人に、僕が旅で経験したことを伝えたりすることにも挑戦していきたいと考えています。

それがいままで通りのYouTubeなのか、直接会って話をするのか、本を書くことなのか、そのやり方も探っていくつもりです。

本を書くのは初めてでしたが、とても楽しい体験でした。それは、いままで体験したことを振り返ったり、思い起こしたり、自分の人生を再確認する行為でもありました。短い時間にいろいろなことを思い出しました。初めて旅をしたころの感覚を思い出して初心にかえるような思いでした。

ここまで旅で得たいろいろな気づきを記してきましたが、そろそろおしまいです。長々とお付き合いいただきありがとうございました。動画ではうまく表現できない思いを、こうしてシェアできたことは、僕にとっても新たな学びになりました。あらためてみなさんには感謝しかありません。ありがとうございました。

いまを生きる

日本を飛び出してからずっと旅を続けてきましたが、旅の目的は少しずつ変わってきています。パーティの旅、語学習得の旅、友だちの家を巡る旅、ヒッチハイク、無職旅、キャンプ生活の旅、デジタルノマドとしての旅、パートナーとの旅、バンライフ、そしてYouTuberとしての旅。

そうやって旅にもその時々でいろいろな形があっていいと思います。でも、パーティの旅をしているときには、まさか自分がYouTuberとして旅をする日が来るとは思いもしませんでした。

将来どんな人間になりたいのか。プロ野球選手になる夢を18歳で諦めてから海外に出るまでずっとその答えを探していましたが、まったく見つけられませんでした。社会が認めてくれる何者かになりたかったけれどそれが叶わず、本当に苦しかったです。

摂食障害を患って自殺未遂まで起こし、どん底まで落ちた僕でしたが、海外に居場所を見つけて、本当の自分を受け入れてくれる人たちに出会うことができました。

19歳のときはとにかくパーティが楽しみでした。22歳のときは1年の半分は働いて、残りの半分は旅をしました。どれも日本では否定されましたが、海外の人たちは「Why not?（なにが悪いの？）」と受け入れてくれました。

いま思うと、19歳の僕は自分の殻に固く閉じこもっていました。しかし、あのころの自分が、海外へ出ること、旅をすること、YouTuberになること、いまの自分になるきっかけとなりました。

旅をしていてよく、すべてのことはつながっていると感じます。日本を出る前の苦しかった自分にも感謝しているし、なによりつねに自分のことをいちばんに考えてくれた両親、家族には感謝の言葉しかありません。

いまの僕の旅の目的はYouTubeの動画をつくり、日本のみなさんに世界をシェアすることです。その旅は、ついにアフリカ大陸にたどり着きました。ずっと行きたいと思っていた憧れの場所です。でも、これが最後のつもりではありません。

「人生の目標はなんですか?」とよく聞かれますが、とても難しい質問です。具体的な目標のようなものはありませんが、ひとつ理想をあげるなら、僕もおじいのように、最後に「ワシの人生最高やった! みんなありがとう」と言えるような生き方をしたいと思います。極端な話、明日地球が消滅しても後悔しないつもりで、いまこの瞬間を精一杯生きることを心がけています。

次にどこに行くかは流れのなかで自ずと決まります。やりたいことも、そのときその瞬間で変わっていきます。いまはYouTubeがメインですが、1年後、2年後にどうしているのか、現時点では自分でもわかりません。

PROLOGUEでも書きましたが、サーフィンに例えるなら、その波に乗るか乗らないかを決めるのは自分でも、実際にどうするかはその波が来るまでわからないという感じです。

そろそろ次の波が見えてきたような気配も感じています。このまま波に乗り続けるか、それとも向こうからやってくる次の波に乗るか、そんなことを考えています。可能性はひとつに絞らずに、そのときにいいと思った方向に進んで行きたいです。

GO WITH THE FLOW !

今後の Bappa Shota を、どうか楽しみにしていてください。

EPILOGUE

ブータンにて取材中の様子

　ドバイに行ってアフガニスタンのビザを申請したときのことです。

　そこには同じようにアフガニスタンを目指しているヨーロッパの人がたくさんいました。なぜアフガニスタンに行きたいのか、尋ねてみるとこんな答えが返ってきました。

「いろいろなニュースを見るけど、現地に行けば絶対に違う世界が待っていると思うから。それを自分でたしかめに行ってみたいんだ」

　あるとき泊まった宿でふたりのドイツ人が話している場面に遭遇しました。ひとりは南米の旅から移動してきたところで、もうひとりはロシアに行ってきたところ。ふたりは、お互いが体験して得た情報を交換していました。

そういう場面を、いつもうらやましいと思って見ていました。あんな風に僕も、同じ国に生まれて、同じ文化や生活習慣を共有している日本人同士で旅の話をしてみたい。僕のチャンネルの原点にはそんな思いもありました。

YouTubeをはじめるきっかけになったコスタリカへの旅を思い出します。

２０２０年、僕はひとりでコスタリカを旅していました。ジャングルに囲まれた宿で友だちとスカイプをつないで話が弾み、「旅の経験をYouTubeでシェアしてみたら」という彼のひとことに背中を押されて、「Bappa Shota」をスタートさせたことは書きました。

あのときの会話がなければ、僕は旅を続けていなかったかもしれません。いまだから言えることですが、実はあのころ、僕は旅をやめることを考えていました。以前のように旅を楽しめなくなってしまい、友だちと話をするまではコスタリカで終わりにしようと思っていたくらいでした。

オーストラリアにいたときは、拒絶と言ってもいいほど日本人を避けていました。日本人は絶対に僕を受け入れてくれない、僕のことを変人としてしか見てくれないと思い込んで、トラウマを思い出してしまいそうで、絶対に近づかないようにしていました。だから、僕を受け入れてくれる外国人と一緒にいるのが楽しくて、つねに彼らと一緒にいました。

オーストラリアからニュージーランドに移り、仕事をしてお金が貯まると旅に出るというライフスタイルが定着しました。おもしろそうなものがあれば見に行ったし、楽しそうなことがあればチャレンジしました。しかし、旅暮らしに慣れていけば、それも「日常」になってしまいます。自分だけが満足するそんな旅には飽きてしまい、旅のおもしろみもだんだん薄れていきました。

そんな状況でYouTubeをはじめましたが、これが想像以上にたいへんでした。

それは資金がまったくなかったからです。銀行口座には2万円ほどしかないときもありました。カメラなど撮影機材を揃えるお金すらありませんし、撮影したい場所にも行けず、僕が人々にシェアしたかった内容とはまったく違う路線を進んでいました。

しかし、いつか自分のやりたいことができるようになればと思い、地道に動画を公開し続けました。撮影も編集も独学で、すべてひとりでやっていたので、フルタイムでやらないととても追いつきません。大好きなパーティにも行かず、寝る間も惜しんで、文字通りYouTubeが生活の中心になりました。

毎週4本の動画を半年続けても登録者数は1000人になりませんでした。それまで1円も収益がない状態でしたので、プロと言うにはほど遠い状況でした。撮影していると登録者数を聞かれて笑われたこともあり（当時は数十人）、「弱小YouTuberがなに張り切ってんねん」って言われているような気がして嫌でした。人の目が気になって本当にくじけそうになりましたが、そのたびに、「いい動画だから、きっと広がっていくよ」と海外の友だち、とくにルースが励ましてくれました。

諦めずに続けられたのは、支えてくれた視聴者のおかげでもあります。貧乏でしたが、YouTubeは同じ日本人に旅をシェアする喜びを教えてくれました。それは、旅を続けるモチベーションになると同時に、日本を好きになるきっかけにもなりました。

パンデミックの3年間は、結果的に自分にとってかけがえのないものになりました。日本でたくさんの人と出会い、支えられ、宝物のような忘れられない思い出ができました。日本が好きになり、日本人でいることに誇りを持てるようになりました。

パンデミックが終わると、ようやく乗りたかった「波」が目の前にやってきました。しかし、順調かと思えば待っていたのは困難ばかり。世界を旅しながらYouTubeでシェアすることがこれほどたいへんなこととは想像できませんでした。多すぎる動画制作の作業に移動、休む暇もなく、収益があっても、とにかく旅費が高すぎます。

YouTubeの活動は、やったことがある人しかわからないと思いますが、本当にたいへんで過酷で孤独です。しかし、そこにはかけがえのないものが詰まっていて、過酷さも孤独も吹き飛ぶほどの素晴らしいものが返ってきます。

YouTubeをやっているからこそ学べる世界の情勢、現地に足を運ぶことで得られる気づき、視聴者のみなさんとのつながり、動画をアップすると即座に返ってくるレスポンスは、日々の苦労や孤独を忘れさせるくらい大きなもので、僕の生きがいになっています。

いつも視聴してくれているみなさんには感謝の気持ちでいっぱいです。温かいコメントがうれしく、本当に力をもらっています。

YouTubeのチャンネル登録者数も100万人を超えました。いまだに実感がありませんが、ここまでよくやってきたなと思います。旅は自分を救ってくれて、進むべき道を教えてくれて、いまも自分を成長させてくれています。最終目標は、「俺の人生最高やったな！」と言えるようになること。

だから、人生も旅だと思っています。

いろんな人に世界を知ってもらいたい、世界を知ることはこんなに素晴らしい。僕はこれからも自分らしくあり続けるために旅を続け、世界のリアルをシェアしていきます。

Adios！

2024年、滞在中のアフリカ・モーリタニアにて

Bappa Shota

流れのままに旅をする。

GO WITH THE FLOW

2025年1月29日　初版発行
2025年4月30日　再版発行

著　者／Bappa Shota
発行者／山下 直久
発　行／株式会社 KADOKAWA
〒102-8177　東京都千代田区富士見2-13-3
電話 0570-002-301（ナビダイヤル）
印刷所／TOPPANクロレ株式会社
製本所／TOPPANクロレ株式会社

●お問い合わせ
https://www.kadokawa.co.jp/（「お問い合わせ」へお進みください）
※内容によっては、お答えできない場合があります。
※サポートは日本国内のみとさせていただきます。
※ Japanese text only

定価はカバーに表示してあります。

ISBN 978-4-04-606724-1　C0095